시대를 움직이는 힘
50인의
법 멘토

시대를 움직이는 힘
50인의
법 멘토

초판 1쇄 2015년 12월 21일
초판 3쇄 2017년 5월 24일
글 로버트 호켓
옮긴이 김영
펴낸이 권경미
펴낸곳 도서출판 책숲
출판등록 제2011 – 000083호
주소 서울시 용산구 후암동 8
전화 070 – 8702 – 3368
팩스 02 – 318 – 1125

ISBN 979–11–86342–10–7 44300
      978–89–968087–4–9 (세트) 44080

이 도서의 국립중앙도서관 출판시도서목록(CIP)은 서지정보유통지원시스템
홈페이지(http://seoji.nl.go.kr)와 국가자료공동목록시스템(http://www.nl.go.kr/kolisnet)에서
이용하실 수 있습니다.(CIP제어번호: CIP2015033918)

＊책값은 뒤표지에 있습니다.
＊잘못 만든 책은 구입하신 서점에서 바꾸어 드립니다.
＊책의 내용과 그림은 저자나 출판사의 서면 동의 없이 마음대로 쓸 수 없습니다.

문명을 바꾼 발견자들

시대를 움직이는 힘
50인의
법 멘토

로버트 호켓 글 | 김영 옮김

책숲

법은 꼭 지켜야 하는 사회의 약속이에요. 복잡한 사회관계 안에서 우리는 법에 따라 서로의 권리와 의무를 존중하며 살아가고 있어요. 오래전부터 세상에는 많은 법이 있었고, 지금도 계속 새로운 법이 만들어지고 있답니다. 친구나 이웃과의 관계에서, 또 매일 사용하는 물건에 이르기까지 이 모든 것들이 법으로 다루어지고 있다고 해도 과언이 아니지요. 이렇듯 법은 우리 삶과 굉장히 친숙하지만 법이 무엇이냐는 질문에는 어떻게 대답해야 할지 난감할 거예요. 마치 수학이 무엇이냐 하는 질문처럼요. 사람들은 매일 무엇인가를 더하거나 빼거나, 곱하면서 살아가지만 수가 뭐냐는 질문에는 정작 답을 못하니까요.

이 책은 구체적으로 법이 무엇인지, 그 의미를 생각해 보게 하는 것을 목표로 하고 있어요. 이를 위해 법과 관련된 주요 인물 50인을 뽑았어요. 이들은 위대한 인물들이기도 하지만 공통적으로 제도나 법전, 혹은 법과 관련된 문서와 연관이 있지요. 또 50인의 인물들과 더불어 지난 수천 년 동안 일어났던 법과 관련된 사건이나 법의 중심 사상을 이루는 10가지 법 개념도 함께 소개하고 있답니다.

먼저 이 책을 통해 법의 의미와 법에 담긴 생각, 법 제도에 대해 어느 정도 친해지기를 바랍니다. 나아가 책을 덮고 나서도 법에 대해 궁금해진다면 좋겠어요.

법에 대해 좀 더 살펴볼까요?

인간을 '정치적 동물'이라고 했던 아리스토텔레스의 통찰은 유명하지요. 인간을 다른 여러 동물들과 구분 짓는다면 그중 하나가 사회적 존재라는 점이에요. 우리는 함께 살아가야 할 뿐만 아니라, 함께 견디고, 때로는 함께 절망하기도 해요. 개인이 혼자 이룬 것처럼 보이는 일도 사실은 많은 사람들의 협력과 제도 속에서 얻은 것이랍니다.

언어나 화폐라는 제도를 생각해 보세요. 우리가 무엇인가 팔거나 살 수 있는 것은 공유되어 있는 언어가 있고 법적 뒷받침이 있기 때문에 가능하답니다. 그래서 대부분의 체제와 제도는 어떤 의미에서는 법이라고 할 수 있어요. 이렇게 이루어지는 것을 조금 어려운 말로 '자발적 규칙성'이라고 합니다.

물론 물체나 동물들의 움직임에서도 규칙성을 발견할 수 있어요. 그러나 이러한 자연 법칙과 달리 법은 강제적이기 때문에 '의도된 규칙성'이라고 할 수 있지요. 법은 크나큰 축복이 될 수도 있고 엄청난 구속이 될 수도 있어요. 우리 삶의 관계에서 규칙성을 결정하니까요.

법은 우리가 서로 영향을 주고받는 방식을 지혜롭고 공정하게 만들 수 있지요. 개인이나 가족 구성원으로서, 모든 거래의 당사자로서, 궁극적으로는 시민으로서 우리의 삶을 더 낫게 하는 방식으로 말이에요. 이 책에서 논의되는 인물, 법전, 제도, 생각을 잘 들여다보는 방법 중 하나는 사회를 현명하고 공정하게 이끄는지, 개인의 삶을 잘 꾸려 가도록 돕고 있는지 살피는 것이랍니다.

로버트 호켓

차례

고대의 입법자들

EARLY LAWGIVERS AND LAWS '

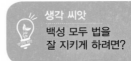

생각 씨앗
백성 모두 법을
잘 지키게 하려면?

바빌로니아의 입법자 함무라비

함무라비는 바빌로니아 제국의 첫 번째 황제였어요. 공공사업과 영토 정복으로 널리 알려져 있는 그는 최초의 법전을 만들기도 했답니다. 그는 2미터가 넘는 높이의 돌에 법조문을 새기도록 했는데 가장 유명한 것은 '눈에는 눈, 이에는 이'라고 알려진 복수법 조항이에요. 함무라비는 그의 법전과 함께 오늘날 여러 예술과 건축물에까지 등장하고 있어요.

함무라비가 왕위를 물려받은 시기의 바빌로니아는 현재 이라크 땅인 메소포타미아 지역의 수많은 도시국가 중 하나였어요. 이 도시국가들은 티그리스와 유프라테스 평원의 비옥한 땅을 차지하기 위해 영토 전쟁을 자주 벌였는데 바빌로니아는 이 중에서 가장 번성하고 문화가 발달한 나라였지요.

함무라비는 처음 통치를 시작하고 10년 동안 신전을 확장하고, 도시 방어벽을 요새화했으며, 천문 관측 자료를 바탕으로 역법을 개선하는 등 대대적인 공공사업을 벌였어요. 또 침수되는 평원과 수많은 소떼들을 관리하기도 했지요. 한편 다른 여러 왕국과의 전쟁에서 승리하면서 바빌로니아는 더 강해졌고 평화로운 통치가 이어졌답니다.

함무라비가 남긴 최대 업적은 통치 초기에 공포한 새 법전이었어

시대를 움직이는
힘

요. 함무라비 법전이라 이름 붙인 이 법전은 '눈에는 눈, 이에는 이'라고 알려진 조항 때문에 오늘날에도 자주 언급되고 있지요. 그러나 이 조항은 알려진 것처럼 그저 복수의 의미는 아니랍니다. 만약 누군가에게 주먹으로 눈을 맞았으면 상대방의 눈을 주먹으로 다시 치면 된다는 의미보다는 눈 이외의 부위를 건드려서는 안 된다는 의미가 더 강해요. 황제는 이 법전의 내용을 도시 중앙의 돌기둥에 바빌로니아 고유 언어인 아타드어로 새겨 글을 읽을 줄 아는 사람들이라면 누구나 볼 수 있도록 했답니다. 이런 공표 방식은 법의 성문화와 법치주의의 선례가 되었어요.

함무라비 법전은 인간 행위의 기초가 되는 도덕 원칙인 '도덕률'의 권위를 일찍이 선언한 것으로 볼 수 있답니다. 뿐만 아니라 자연의 질서에 바탕을 둔 규범인 자연법의 개념을 앞서 보여 준 것이기도 했어요. 또한 오래된 성문법으로서 사람들 사이에 생길 수 있는 다양한 문제들을 법으로 규정해 놓았기 때문에 당시의 사회 모습을 잘 보여 주는 유물이랍니다.

함무라비 법전의 282개 조항은 대부분 형사 사건과 그 처벌에 관한 것이지만 현대 법체계에 남아 있는 진보적인 요소들도 많이 찾아볼 수 있답니다. 이 중에는 증거 추정의 원칙과 피의자가 무죄를 입증할 수 있는 권리도 포함되어 있지요.

※**무죄 입증 증거** 형사 재판에서 피고인의 혐의를 벗겨 줄 수 있는 유리한 증거. 반대로 피고인의 죄를 증명하는 유죄 입증 증거도 있다.

Hammurabi
출생 기원전 1795년, 바빌로니아
업적 대중을 위한 법전을 최초로 도입
사망 기원전 1750년, 바빌로니아

Constitutionalism and Rule of Law

입헌주의와 법치주의

{ '좋은 통치'라는 이상을 실현하기 위해 법치주의가 등장했어요. 사람이 아니라 법에 의한 통치라는 뜻이지요. 즉, 법이 모든 규범이나 규칙의 기본 체계가 된다는 것입니다. 법치주의에서는 개인이 좋든 싫든 상관없이, 심지어 국왕까지도 법의 지배를 받게 되지요. 법치주의는 근대에 이르러 입헌주의라는 형태로 자리를 잡았어요. }

'법의 지배'라는 개념은 인류사에서 아주 오래전부터 존재했답니다. 인간 행위의 기초가 되는 도덕 원칙인 '도덕률'이나 자연의 질서에 바탕을 둔 '자연법'에서 나왔으니까요. 그리스에는 논리학을 의미하는 '로고스'라는 개념이 있었어요. 이에 따르면 자연스러운 방식과 조화를 이루지 못하는 모든 부적절한 행위는 도덕적으로 잘못되었거나 그 결과가 잘못되기 쉽다고 생각했지요.

로고스 개념은 스토아 철학 사상을 거쳐 로마 철학과 법으로 이어졌고, 마침내 유럽 대륙의 자연법 전통으로 구체화되었어요. 그럼으로써 신과 성서를 내세우는 헤브라이즘 전통과 대응하게 되지요. 비슷한 방식으로 중국에는 '도(道)'와 '이(理)' 같은 개념이 있었답니다. 유교 전통에서는 백성이 나라의 근본이라는 인본사상과 백성을 덕으로 다스리는 것을 강조했고, 이것은 동아시아 사회의 법 사상으로 이어졌어요. 한편 인도의 달마 개념은 우주의 질서를 직접 사회 질서에 적용했지요. 모든 경우에 핵심적인 것은 최고 통치자와 그가 내린 법령까지도 자연법의 대상이라는 거예요.

현대적 의미의 법치주의는 나라를 다스리는 근본 원리이자 모든 사람들이 법 앞에 평등하다는 것, 그리고 법을 정해진 기관에서 만들도록 하는 것 등이 포함되어 있어요. 이러한 의미에서 입헌주의와 법치주의의 이상은 자연법이라는 철학적 개념뿐만 아니라 권력 분립과 사법 심사 제도와도 밀접하게 연관되어 있답니다.

통치자가 아닌 성직자들이 자연법의 이름으로 일정한 영향력을 행사한 경우는 역사에서 쉽게 찾아볼 수 있어요. 성서의 기록을 보면 예언자 사무엘은 사울 왕의 지명을 받았고, 중세 유럽에서는 군주에게 왕관을 씌워 주거나 군주를 파문할 수 있는 권한이 교황에게 있었지요. 또 중국에는 '정명(正名)'이라는 유교 개념이 있는데, 이는 이름을 바로잡는다는 뜻으로 옳지 못한 일을 하는 통치자의 행위를 잘못으로 간주하고 현자들이 그런 왕을 왕위에서 몰아낼 수 있다고 생각했어요.

성직자가 아닌 일반인들이 법에 대해 영향력을 행사한 최초의 사례는 영국 헌법의 기초가 된 마그나카르타, 즉 대헌장이라고 할 수 있답니다.

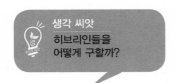

십계명을 전한 예언자 : 모세

고대 서양에서 모세는 법을 전한 사람으로 알려져 있어요. 그래서 모세는 하얀 수염에 머리를 길게 늘어뜨리고 십계명을 새긴 두 개의 석판을 머리 위에 들고 있는 예언자로 그려지곤 하지요. 그는 이스라엘 사람들을 이끌고 광야를 지나던 중에 시나이 산에서 신에게 십계명을 받았고, 이것은 유대교의 율법이 되었어요. 후에 십계명은 기독교와 이슬람교의 핵심이 되었답니다.

성서의 출애굽기에 따르면 모세는 야곱의 후손인 레위족 아므람과 그의 아내 요게벳의 아들로 이집트에서 태어났어요. 모세가 태어난 시기에 이집트의 파라오는 히브리, 즉 이스라엘의 남자아이들을 모두 죽이라고 명령했답니다. 요게벳은 어린 모세를 살리기 위해 나일 강에 띄워 보냈고, 파라오의 딸이 강보에 싸인 모세를 발견해 키우게 되지요.

이집트 귀족 가문의 젊은이로 자란 모세는 이집트 노예 감독이 히브리 노예를 구타하는 것을 보고는 격분해서 노예 감독을 죽이고 시나이를 거쳐 미디안까지 도망을 가게 됩니다. 거기에서 제사장의 딸인 십보라와 결혼을 하게 되지요.

어느 날 모세는 화염에 싸인 덤불이 타지 않는 장면을 보게 되고,

모세가 시나이 산에서 받은 십계명은 유대교, 기독교, 이슬람교의 핵심이다. 또한 보통법과 법치주의의 원칙을 이루는 기반이 되었다.

Moses

출생 기원전 14세기 초 고대 이집트
업적 고대 이스라엘 민족을 이끌고 이집트를 탈출하여 십계명을 전함
사망 기원전 13세기, 고대 이스라엘

거기에서 신의 계시를 받게 됩니다. 신의 계시는 '이집트로 돌아가 노예로 살고 있는 이스라엘 사람들을 가나안으로 인도하라'는 것이었지요. 이에 따라 모세는 사람들을 이끌고 이집트를 탈출했습니다. 하지만 이런 해방감도 잠시 40년 동안 광야를 떠도는 신세가 되었어요. 바로 이 시기에 모세는 법률 제정자로서 역할을 하게 되었어요. 모세는 신과 대화하기 위해 시나이 산에 올라갔고, 신은 모세에게 십계명을 내렸다고 해요. 이것은 유대교의 율법이 되었지요.

십계명의 내용은 다른 도덕 법전에도 등장하지만 법의 관점에서 특히 두 가지 중요성이 있어요. 첫 번째, 법은 하늘에서 내려 준 것이고 법률 제정자는 단순히 중개자의 역할이라는 것이에요. 두 번째, 법은 공개적으로 기록되어야 하며 대중들이 쉽게 접근할 수 있어야 한다는 것이지요. 첫 번째 측면은 법 사상의 발전에 큰 영향을 미쳤어요. 두 번째 생각은 법치주의로 이어져 현대 법체계의 핵심이 되었답니다.

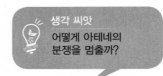
서양 민주주의의 아버지 — 솔론

> 고대 그리스 사람인 솔론은 시인이자 철학자, 정치가랍니다. 또 스파르타를 세운 리쿠르고스처럼 아테네를 세운 인물로 알려져 있지요. 아테네와 스파르타는 오랜 세월 동안 법 사상가와 정치 사상가의 모델이 되었기 때문에 솔론과 리쿠르고스는 서양의 법 사상과 정치 사상을 창시한 두 기둥이라고 할 수 있어요.

당시 아테네는 파벌과 계층 간의 갈등이 심해 수십 년 동안 싸움과 사회적 혼란이 지속되고 있는 상태였어요. 아테네인들은 현자로 명성이 자자하던 솔론에게 파벌들을 중재하고 아테네를 위해 새로운 법을 만들어 달라고 요청했답니다.

솔론은 모든 계층의 시민들이 아테네의 입법 의회에 참여할 수 있고, 권리를 침해받은 시민은 누구나 법원에 고소할 수 있다는 내용의 개혁안을 내놓았어요. 이것은 아테네 민주주의의 기반을 마련했고 결국 서구 민주주의의 바탕이 되었답니다. 솔론의 개혁안은 커다란 나무 평판에 새겨져 누구든 볼 수 있는 곳에 걸려 있었어요.

솔론은 또 시민들을 경제적 곤경에 빠뜨리는 일반적 관습을 폐지하고자 개혁법을 제정했어요. 당시 파산 선고를 받은 사람은 강제 노

16

동 계약을 맺고 노예가 되었는데 솔론은 이를 금지시키고 그들의 빚을 다 탕감했어요. 한편 부유한 시민들이 재산을 이용하여 통치를 좌지우지하는 것을 견제한 개혁법도 만들었어요.

Solon

출생 기원전 638년, 아테네
업적 고대 아테네의 법을 확립
사망 기원전 558년, 키프로스

이 시기에 영향력 있었던 또 다른 도시국가인 스파르타에는 리쿠르고스가 있었지요. 그도 법을 만들고 여러 가지 개혁을 이루었다고 해요. 덕분에 이 시기 스파르타는 아테네와 함께 가장 영향력 있는 그리스 도시국가로 발전했어요.

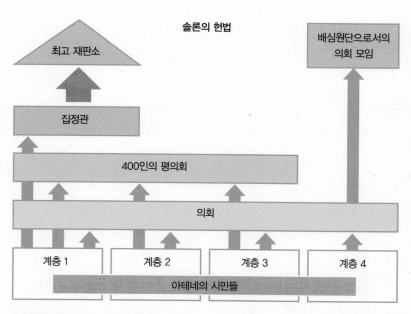

솔론의 헌법

솔론의 헌법은 현대 민주주의의 길을 닦았다. 모든 시민들에게 참정권과 사법 접근권을 부여했으며, 대표자를 선출하고 그들을 불러 설명을 들을 권한도 주었다.

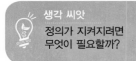
힌두 법의
창시자

마누

> 인도 신화에서는 마누를 인류의 조상으로 생각합니다. 힌두교 경전에서는
> 세상 사람들을 '마나바스라고 부르고, 이들 중 신성한 법전과 영적인 연구에
> 헌신하도록 지명 받은 사람들을 '브라만'이라고 해요. 마누 법전 8장에는 정
> 의를 침해하면 정의가 파괴되고, 정의를 보존하면 정의가 지켜진다는 구절
> 이 있어요. 정의를 침해해선 안 된다는 말이지요.

마누는 진리에 헌신한 지혜로운 왕이었어
요. 그가 강에서 손을 씻고 있을 때 비슈누
신이 물고기의 형상으로 나타나 세계를 삼
킬 홍수가 임박했다고 경고했다고 해요. 이
말을 듣고 마누는 배를 만들어 자신의 가족과
동물들을 태웠어요. 씨앗들도 챙겼지요. 홍수가 지나
간 뒤 배에서 내린 이들은 모두 지구 곳곳으로 퍼져 나갔어요. 이 이
야기는 성서의 노아 이야기나 다른 고대의 대홍수 이야기와도 비슷하
지만 특별히 메소포타미아 지역을 배경으로 하고 있어요.

고대 인도의 대서사시인 '마하바라타'에 따르면 마누에게는 열 명
의 아들이 있었고, 대홍수 이후 살게 된 지상의 사람들은 모두 이들
의 후손이라고 해요. 마누는 자식들에게 중요한 법을 물려주었다고
합니다. 마누의 법은 '마누 스므리티'로 알려져 있고, 그중 '달마샤스

트라'는 오늘날에도 여전히 전통적인 힌두교도들의 종교적인 삶과 의식을 이끄는 법전이랍니다. '달마'라는 단어는 그리스어 '로고스'나 중국어 '도(道)'와 비슷한데 모두 '정형화된 규칙성'이라는 의미가 포함되어 있어요.

역사 학자들은 마누의 것으로 보이는 원전이 기원전 200년에서 기원후 200년 정도로 거슬러 올라간다고 믿고 있어요. 원전 중 상당 부분은 여러 시대에 걸쳐서 논란의 대상이 되었답니다. 카스트 계급의 구분을 당연하게 여기거나, 여성에 대해서도 남자를 이 세상에서 길을 잃게 만들고 욕망으로 이끄는 존재라고 표현했기 때문이에요. 힌두 학자들은 마누 법전이 카스트의 각 계급에게 각기 다른 가치를 매기는 것을 당연하다고 여겨 왔어요.

법의 목적 면에서 볼 때 마누는 함무라비, 모세, 솔론, 무함마드와 비슷하다고 평가할 수 있어요. 그는 지상의 법을 하늘에서 내려 주었다는 사상을 전한 문명의 상징으로 남아 있답니다.

Manu

출생 기원전 200년과 기원후 200년 사이
업적 구전에 의하면 최초의 힌두 법전을 창시
사망 기원전 200년과 기원후 200년 사이

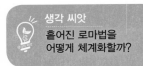

생각 씨앗

흩어진 로마법을
어떻게 체계화할까?

**대륙법의
설계자**

유스티니아누스 1세

유스티니아누스는 대륙법(유럽 대륙의 법을 말하며 이와 구분해 영국과 미
국의 법을 영미법이라 일컫는다.)의 역사에서 가장 중요한 인물이에요. 그의
『로마법대전』은 로마법 전통을 잇는 법체계의 핵심을 이루었고, 보통법을 포
함한 다른 법체계에도 결정적인 영향을 미쳤어요. 특히 유럽 대륙의 법에 지
대한 영향을 미쳤지요.

고대에 법을 가장 발전시킨 나라는 로마였
어요. 작은 도시국가에서 거대한 제국으로 성
장하면서 제국의 법이 발전했고, 로마의 지
도자들은 법을 해석하고 적용하는 데 힘을
쏟았지요. 특히 법의 목적이나 원리를 따지기
보다는 실제적인 문제를 어떻게 해결할 것인지에 대
해 고민했어요.

유스티니아누스는 현재 세르비아의 중심에 위치한 다르디니아라는
지역의 농가에서 태어났어요. 그는 삼촌의 도움으로 동로마 제국의 수
도인 콘스탄티노플에서 법, 신학, 로마 역사를 공부했다고 알려져 있
답니다. 그가 황제의 자리에 오른 후 동로마 제국은 개혁을 통해 번성
했고 영토를 확장했지요. 그는 엄청난 에너지를 가지고 있어서 '절대
로 잠들지 않는 황제'로 불렸답니다.

시대를 움직이는
힘

유스티니아누스는 여러 가지 형태로 흩어져 내려오던 로마법 조항들을 성문화하는 데 선구적인 노력을 기울였어요. 성문화 작업을 감독하는 검찰관이 있었지만 유스티니아누스는 직접 나서서 적극적인 역할을 했다고 해요. 그렇게 탄생한 『로마법대전』은 오늘날까지 모든 대륙법체계의 기초를 이루게 되었어요. 이것은 실로 어마어마한 업적이었지요. 『로마법대전』은 여러 가지 법적 사례를 질문과 답변 형식으로 잘 정리해 두었어요. 원칙에 근거를 두어 조항들을 설명하는 혁신적인 시도는 이후에 일어난 법의 성문화 움직임에 모범이 되었어요. 이때부터 우리는 여러 가지 면에서 법전의 시대를 살고 있답니다.

Justinianus I

출생 482년, 동로마 제국 타우레시움
업적 로마법을 모아서 성문화하고 대륙법체계를 세움.
사망 565년, 동로마 제국 콘스탄티노플

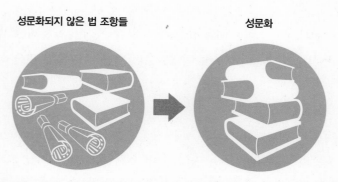

성문화되지 않은 법 조항들   성문화

『로마법대전』은 방대한 법 조항들을 묶어 네 부분으로 구성하였다. '칙법휘찬'은 2세기 이후에 제정된 법으로 이루어졌고, '학설휘찬'은 더 오래된 법 기록물들을 다루었다. '신칙법'은 유스티니아누스 통치 중에 생긴 새 조항이 포함되었고, '법학제요'는 다른 세 부분에서 원칙을 추려 낸 것이다.

Common Law and Civil Law, Custom and Code

보통법과 대륙법

> 역사적으로 법은 보통법과 대륙법으로 나눕니다. 즉 영국에서 내려오는 보통법체계와 로마법 전통에서 내려오는 대륙법체계가 있지요. 보통법에서는 상상할 수 있는 모든 분쟁에 대비하는 대신 재판관들이 대략적인 법의 원칙을 따라 재량을 발휘하여 판결을 내려요. 반면 대륙법은 모든 이해관계와 갈등을 미리 내다보고 글로 적힌 성문법을 바탕으로 하지요.

보통법에 속하는 법체계를 가진 나라로는 영국 외에도 미국, 호주, 캐나다, 이스라엘, 나이지리아, 파키스탄, 남아프리카 공화국이 있어요. 보통법의 영향은 역사적으로 과거에 영국과 관계가 있었던 나라에서 두드러진답니다. 마찬가지로 대륙법체계를 가지고 있는 나라들은 역사적으로 로마 제국과 연관이 있어요. 그래서 대륙법은 주로 유럽 대륙 전체에 퍼져 있고, 아프리카와 아시아, 동유럽 및 남미의 여러 나라에서도 찾아볼 수 있지요.

보통법과 대륙법을 비교할 때 가장 큰 차이는 역사적인 구분보다도 양식에 있어요. 하지만 오늘날에는 이러한 차이를 과장해서는 안 돼요. 왜냐하면 보통법과 대륙법은 둘 다 현대 국가의 법체계에 중요한 기초를 이루고 있기 때문이에요. 다른 여러 법체계도 이 둘의 주요 요소를 포함하고 있지요. 대륙법은 합리주의를 근본으로 삼고 성문화된 법전을 갖고

**시대를 움직이는
힘**

있어요. 반면 보통법은 주로 판례에 의존한답니다. 즉, 대륙법에서는 사람들 사이에 일어날 수 있는 이해관계와 갈등을 미리 내다보고 법적으로 대비하는 반면에, 보통법에서는 발생된 문제에 대해 재판관의 재량으로 유연하게 대처하면서 법 원칙을 공들여 만든답니다. 즉, 대륙법과 보통법의 차이는 '사전에 성문화되느냐' 또는 '관습에 의거해 사후에 구체화되느냐' 하는 것이지요. 보통법에서는 해석 범위가 넓은 원칙을 두고 재판관이 재량을 발휘한다면 대륙법체계의 재판관은 이미 입법화되어 있는 조항을 수동적으로 적용합니다. 만약 새로운 상황이 벌어졌는데 이에 대한 법이 없다면 대륙법에서는 적용하기가 어려워요.

현대에는 보통법과 대륙법의 구분은 이상에 불과하답니다. 오늘날 어떤 법체계도 분명하게 어느 한쪽인 경우는 없으니까요. 영국과 미국의 보통법체계에서도 상세한 입법 조례가 흔해졌어요. 또 프랑스와 독일 같은 대륙법체계에서도 복잡한 조항을 정확하게 적용하고자 영미의 재판관들만큼 사려 깊은 재판관이 필요하답니다.

※성문화 특정 분야에서 사법권의 법칙을 모으고, 주제별로 다시 기술하는 과정. 그 결과로 법전이 만들어진다.

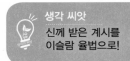

생각 씨앗
신께 받은 계시를
이슬람 율법으로!

이슬람 율법의 창시자 　무함마드

이슬람교에서는 종교적인 삶과 정치적인 삶, 법적인 삶을 구분하지 않는답
니다. 그래서 이슬람교를 창시한 무함마드는 법과 정치적 전통까지 세웠다고
볼 수 있어요. 무함마드는 계시를 받았고 이것은 '코란'이라고 불리는 이슬람
의 율법이 되었어요. 하니피, 말리키, 샤피이, 한발리의 네 개의 파로 나뉘는
이슬람 율법에는 각각 뚜렷한 신념과 가르침이 있답니다.

무함마드는 메카의 유명한 가문에서 태어났
지만 어려서 부모님을 여의고 삼촌의 도움으
로 성장했어요. 이후 상업에 종사하며 결혼
도 했으나 자신의 삶이 그다지 만족스럽지
않았어요. 결국 무함마드는 산속의 동굴로 들
어가 명상과 기도를 하며 수련을 했어요. 전설에 의하
면 마흔 살쯤 되었을 때 천사 가브리엘이 동굴로 무함마드를 찾아와
신의 진리를 전했고, 그때부터 계시가 시작되었어요.

무함마드는 계시 받은 내용을 대중에게 전하기 시작했어요. 신은
오직 '알라' 하나뿐이며 인간에게 완전한 복종을 요구한다고 했지요.
'이슬람'이라는 단어가 의미하는 게 바로 '복종'이에요.

처음에는 무함마드의 메시지를 받아들이는 사람이 별로 없었지만
622년에 메디나로 이주하게 되면서부터 이슬람 역법이 시작된답니다.

시대를 움직이는
힘

632년 즈음 아라비아 반도 대부분이 무함마드 추종자들에 의해 정복되어 이슬람으로 개종하게 되었어요. 이렇게 최초의 이슬람 국가가 세워졌지요.

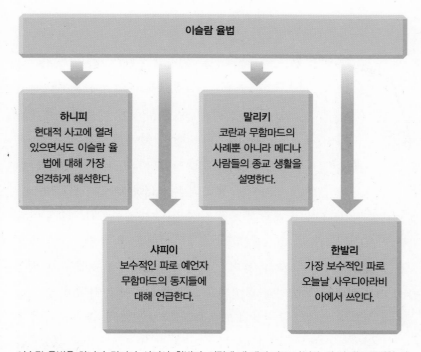

Muhammad

출생 약 570년, 아라비아 메카
업적 예언자이며 이슬람교의 창시자
사망 632년, 아라비아 메디나

무함마드의 무덤은 현재 메디나에 있는 예언자의 모스크에 자리하고 있어요. 오늘날 코란으로 알려져 있는 이슬람 율법은 무함마드가 받은 계시의 기록에서 비롯되었답니다.

이슬람 율법

하니피
현대적 사고에 열려 있으면서도 이슬람 율법에 대해 가장 엄격하게 해석한다.

말리키
코란과 무함마드의 사례뿐 아니라 메디나 사람들의 종교 생활을 설명한다.

샤피이
보수적인 파로 예언자 무함마드의 동지들에 대해 언급한다.

한발리
가장 보수적인 파로 오늘날 사우디아라비아에서 쓰인다.

이슬람 율법은 하니피, 말리키, 샤피이, 한발리, 이렇게 네 개의 파로 나뉜다. 각 파에는 뚜렷한 신념과 가르침이 있다.

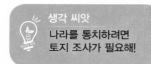

생각 씨앗
나라를 통치하려면
토지 조사가 필요해!

**토지 등록제
창안자**

윌리엄 1세

> 정복왕 윌리엄 1세는 1066년, 영국 침공에 성공하자 자신이 빼앗은 것을 확인하고 싶었어요. 효율성을 중시하던 그는 공식적인 조사를 명령했지요. 『앵글로·색슨 연대기』에 따르면 그는 행정관들을 나라 전체에 파견하여 토지 소유주들이 땅과 가축을 얼마나 보유하고 있으며 그것이 얼마만큼의 가치인지를 알아오도록 했답니다.

영국 노르만 왕조의 초대왕 윌리엄 1세가 이런 토지 조사를 벌인 이유는 누구에게, 얼마씩 세금을 부과할 것인지 판단하기 위해서였어요. 하지만 이 일은 또 다른 중요한 의미가 있었답니다. 바로 인구 조사의 역할을 했다는 점이에요. 또한 누가 어디에 토지를 소유하고 있는지를 공개적으로 철저히 기록했기 때문에 일종의 재산 등록이 이루어졌지요. 지금은 토지 소유자가 소유권을 안전하게 지키고 재산 관리를 안정적으로 유지하려면 이런 기록이 필수적이에요.

일부 학자들은 이러한 재산 관리 체제를 영국이 앞서 개발했기 때문에 이후 경제 발전에서도 유럽을 이끌 수 있었다고 주장한답니다. 산업 혁명은 이로부터 7세기나 지나 일어났지만 이 주장이 전적으로 근거가 없지는 않아요. 1990년대 초반 동유럽에서 소련 연방 치하의

시대를 움직이는
힘

토지 대장은 윌리엄 1세 정복 후 노르만족이 다스린 영국 전체에서 재산을 철저히 기록한 내용이다. 중세 시대에 법적 분쟁에서 종종 증거로 활용되었고, 그것은 오늘날에도 이어지고 있다.

정부가 무너졌을 때에도 변호사들이 가장 먼저 착수한 과제가 재산 보유 현황을 철저히 등록하게 하는 일이었어요.

영국 최초의 토지 대장은 현재 런던 남서부의 큐에 있는 국립 보존 기록관의 박물관에 보관돼 있어요. 토지 대장을 뜻하는 'Domesday Book'의 어원을 살펴보면 고어 '돔(dom)'에서 파생된 것으로 '회계'나 '심판'을 의미해요. 성서에 나오는 최후의 심판일(doomsday)과도 어원이 같지요. 새로운 시작이 된 윌리엄 1세의 토지 대장은 공공 기록으로 재산권이 안전하게 유지되는 모든 나라에서 지금 그 결실을 찾아볼 수 있답니다.

William I

출생 1027년, 프랑스 팔레즈
업적 최초로 보유 재산 등록을 실시
사망 1087년, 프랑스 루앙

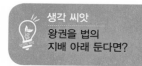

생각 씨앗
왕권을 법의
지배 아래 둔다면?

대헌장에 서명한 군주
 존 왕

"권리나 정의는 누구에게도 팔지 않을 것이며, 누구에게도 거부하거나 지체하지 않을 것이다." 라틴어로 '마그나카르타'라고 불리는 대헌장은 영국과 미국의 헌법, 그리고 이들의 영향을 받은 여러 나라 헌법의 토대랍니다. 그 내용 중 일부는 오늘날까지 영국과 웨일스 법에 그대로 남아 있지요. 대헌장은 현대 정부의 특징인 법치주의와 권력 분립의 원형이 되었어요.

마그나카르타는 존 왕과 귀족들 사이의 권력 다툼으로 인한 결과물이었어요. 영국은 이보다 앞선 시기인 1100년에 헨리 왕이 자발적으로 발표한 자유 헌장이 있었어요. 왕 스스로 자신의 권력이 법의 제한을 받는다고 공식적으로 선언한 것이지요. 이처럼 영국에서는 법치주의라는 개념이 일찍 등장했어요. 그러나 존 왕은 다소 머뭇거리는 상태였지요.

1202년경, 정치적 음모 속에 프랑스 왕 필리프 아우구스투스는 존 왕의 프랑스 땅을 몰수한다고 선언했고, 대륙에서는 연이어 전쟁이 일어났어요. 존 왕은 군사적 손실은 물론이거니와 노르망디의 부유한 영토를 잃었기 때문에 중요한 세금 수입원도 사라진 상황이었지요. 설상가상으로 1208년부터 1212년까지 교황 인노켄티우스 3세, 프랑스

시대를 움직이는
힘

필리프 왕과 계속해서 대립했고 전쟁까지 임박
했어요. 존 왕은 어쩔 수 없이 영국과 아일랜드
를 교황의 영토로 인정했고 그 땅을 인노켄티
우스로부터 빌리게 되었답니다.

　　최고의 수입원을 잃은 존 왕은 이제 돈이 필
요했고, 다른 정부들이 하듯이 세금을 올렸지
요. 하지만 대륙에서의 패배에 치욕을 느끼고 있던 세도가 남작들은
세금까지 올리자 1215년 결국 반란을 일으켰어요. 1215년 6월에 무력
으로 런던에 입성한 그들은 러니미드 초원에서 존 왕에게 강제로 합
의서에 동의하게 했답니다. '남작들의 계약서'로 불리던 합의서에 서명
함으로써 존 왕은 자신의 권력을 법 아래에 두게 됩니다. 대법관청은
그 합의를 기념하기 위해 공식적인 문서를 남겼는데, 그 문서가 바로
'마그나카르타'지요. 이후 마그나카르타는 수 세기에 걸쳐 여러 차례
수정되었지만, 오늘날까지 효력을 발휘하고 있지요.

　　마그나카르타 조항들 중에서 가장 잘 알려진 39조는 오늘날 대부
분의 성문법에서 발견되는 '적법 절차'의 기초가 되었어요. 적법한 절
차에 의하지 않고는 그 누구의 생명이나 자유, 재산을 침해할 수 없
다는 내용이지요. 후에 코크 경은 마그나카르타를 영국 시민의 자유
의 원천이라고 평가했어요. 개인의 자유를 지키기 위한 싸움은 오랫
동안 이어지고 있고, 그래서 대헌장의 이상은 지금도 소중하답니다.

Trial by Jury and Due Process of Law

배심 재판과 적법 절차

> 배심 재판과 적법 절차라는 제도는 영미권에서 정치적 자유를 기본적으로 보장하는 장치예요. 배심 재판은 일반인들이 재판에 참여해 죄의 유무나 사실 관계를 판단하는 것을 말합니다. 우리나라에서도 2008년부터 국민 참여 재판이라는 이름으로 배심 재판이 이루어지고 있어요. 또한 적법 절차란 정당한 법 절차를 거쳐야 함을 말합니다.

배심 재판은 배심원으로 참가한 일반인들이 법정 심사와 논쟁 과정을 지켜보며 재판에 참여하는 법적 절차랍니다. 보통 12명으로 구성되며 원고나 피고 측에 유리한 평결을 내리게 되지요.

만약 형사 소송이라면 원고는 국가가 되기 때문에 배심 재판은 시민의 자유와 재산을 박탈하지 못하게 국가의 권력을 제한하는 수단으로서 중요한 역할을 해요. 보통은 피고가 범죄자로 처벌을 받아야 하는지에 대해 일반인들이 마지막 조정자 역할을 하는 것이지요. 민사 소송에서는 배심원이 내릴 수 있는 결정을 벗어나는 사건이 많아 범위가 훨씬 크답니다. 그런데도 배심 재판은 일반 사람들의 신선한 관점과 정의감이 법원의 결정에 영향을 줄 수 있다는 점에서 호응을 얻고 있지요.

배심 재판의 기원은 의견이 분분해요. 영국의 보통법체계의 특징인 배심 재판은 대륙법이나 다른 법체계에서는 거의 나타나지 않아요. 그래

시대를 움직이는 힘

서 많은 사람들이 배심 재판이 북·서부 독일의 관습에서 진화했다고 생각했어요. 하지만 유럽 대륙 중앙에 있었던 프랑크족이 현대 배심원단과 아주 유사한 관습을 유지했다는 점이 알려졌고, 11세기에 영국으로 건너간 노르만족도 비슷한 관습이 있었다고 해요. 어디에서 유래했든 배심 재판은 오래전부터 영국에서 실행한 법적 소송 절차의 특징이었고, 13세기까지 영국인 권리의 핵심으로 간주되었어요. 심지어 마그나카르타에서도 기술하고 있지요.

오늘날과는 다르게 과거에는 배심원단이 결정하는 역할뿐 아니라 적극적으로 조사하는 역할도 했어요. 일반적으로 배심원단은 법과 엄격하게 조화를 이루며 판결을 내리지만 부당하게 기소되었다고 여겨지는 피고에 대해서는 법을 넘어 재량을 발휘하기도 해요.

적법 절차는 배심 재판이 일반화된 것이라고 할 수 있어요. 배심 재판이 국가의 임의적인 행위에 대하여 피고의 권리를 보증하는 것처럼 적법 절차도 비슷해요. 당사자들이 증거를 법정에 제출하거나, 상대방이 제시한 증거에 이의를 제기하지요. 또 증거의 법적 의미 또는 법 자체의 실질적인 내용을 입증하기도 하는 것이 적법 절차의 특징적 요소들입니다. 개인의 권리를 보호하기 위해서는 이 모든 과정이 정당한 법적 절차를 거쳐야만 해요. 그렇게 함으로써 자유롭고 평등한 시민들은 법치의 정당성을 이해하게 된답니다.

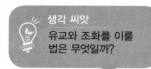
중국 법전에 영향을 준 공자

중국은 수 세기 동안 법의 성문화를 위해 애썼는데 이러한 노력의 결과물이 바로 『대법전』으로 알려져 있는 청나라 법전이랍니다. 중국 제국의 성문화 전통은 7세기 초 당나라에서 시작되었어요. 2천 개 조항에 달하는 『대법전』은 1912년에 국민당 정부에 의해 철폐되기까지 거의 300년 동안 효력을 발휘했지요. 이러한 청나라 법전의 핵심은 바로 공자의 사상이었어요.

공자의 사상은 동아시아 문화에서 수 세기 동안 줄곧 영향을 미쳤답니다. 공자는 노나라 때인 기원전 551년경에 취푸 근처에서 태어나 생애 대부분을 그곳에서 보냈어요.

그는 미천한 출신이었으나 독학으로 학식을 쌓았답니다. 젊었을 때 이미 노나라 전역에 명성이 자자해 정치 권력을 지닌 여러 관리들이 그에게 조언을 구하러 왔지요. 53세에 공자는 노나라 법무부 장관직에 올랐고, 효(孝)와 예(禮)라는 자신의 철학을 세상에 펼칠 수 있었어요. 이때 그의 평생의 연구가 마침내 발표되었는데, 그것이 바로 『논어』랍니다.

공자의 유교 철학에서는 어떻게 나라를 다스려야 하는지 말하고 있어요. 백성이 나라의 근본이라는 '인본사상'과 임금이 백성을 어질게 다스리는 '덕치'를 중요하게 여겼지요. 중국을 비롯한 동양의 법은 이렇게 나라를 다스리는 수단이었고 백성은 이에 복종해야 했답니다. 그래서 동양의 전통적인 법전은 무엇을 해야 하고, 무엇을 하지 말아야 하는지에 대한 내용을 담은 형법의 분위기를 띠게 되었지요. 이러한 법체계는 유교의 목적과 조화를 이루었고, 범죄자의 도덕적 교화에 이용되었어요.

중국의 성문화 전통을 이은 청나라 법전은 앞선 법전들보다 훨씬 더 방대하고 상세했어요. 표현이 정확하고 구조가 아름다워서 널리 격찬을 받았고, 서양의 언어로 번역된 최초의 중국 법 문서이기도 했지요. 또한 공식적으로 형법이지만 어느 정도 민법의 기능도 했어요. 개인이 어떤 불합리한 일을 당하면 법전의 조항에 근거하여 고소할 수 있었으니까요. 또 재판관이 자유 재량 권한을 가지고 있어서 지역의 관습과 조화를 이루며 법의 조항을 유연하게 적용할 수도 있었답니다. 따라서 명목상 형법인 법의 보호 아래 사실상의 '불법행위법'이 발전할 수 있었지요. '불법행위법'은 개인이 손해나 상해를 입었을 때 배상을 청구할 수 있는 근거가 되는 법이에요.

1912년에 국민당이 집권하자 청나라 제국 법의 시대는 막을 내렸어요. 새 공화정부는 중국을 현대화하고자 했고, 유럽과 일본의 법전을 적극적으로 검토했답니다. 하지만 얼마 후 중화인민공화국 정부는 중국을 산업화하면서 과거 유교의 요소들을 되찾으려는 노력을 기울였고 한때 청나라 법전에서 구체화되었던 여러 규범들은 다시 복귀하고 있답니다.

孔子

출생 기원전 551년, 중국 노나라
업적 중국의 현대 법전에 최초로 영향을 미침
사망 기원전 479년, 중국 노나라

2장

법의 혁신가

LEGAL INNOVATORS AND CONSOLIDATORS ,

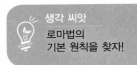
울피아누스

최초의 법학자

페니키아 출신의 도미티우스 울피아누스는 고대 로마의 법학자예요. 그는 특정한 판결과 칙명에서 기본적인 원칙을 찾아내기 위해 온갖 노력을 다 기울인 결과 각양각색의 로마법을 일관성 있는 법체계로 해석하고 정비할 수 있었어요. 그래서 이후 로마법은 명료성과 체계성 때문에 높이 평가되었고, '글로 표현된 이성'이라는 칭송까지 받게 되었답니다.

울피아누스는 셉티미우스 세베루스 황제 시대에 평의회에서 일을 했고, 이후에 카라칼라 황제와 알렉산더 황제 집권기에도 등용되었다고 해요. 하지만 그는 시민과 군인들이 들고 일어난 폭동 때 궁전에서 암살당했다고 전해집니다.

울피아누스는 정의란 '모든 이에게 마땅히 주어져야 할 것을 부여하려는 변함없는 의지'라고 생각했어요. 그가 쓴 여러 권의 책은 이후 법학자들에게 높은 평가를 받았지요. 특히 그의 책 중에는 시민법에 대한 해설서인 『사비누스 주해』와 황제의 칙명에 대한 해설서인 『고시 주해』, 그리고 로마의 형법에 관한 주해가 있어요. 이 책들은 표현이 아름다우면서도 명료하고, 논리적 구성으로 이루어져 있어서 일찍이 그 가치를 인정받았답니다.

울피아누스의 해설이 자리를 잡기 전까지 로마의 법은 여기저기 흩어져 있었고, 사건을 맡은 재판관이 택하는 원칙도 제각각이었어요, 황제마저 상황에 따라 칙명을 내렸답니다. 울피아누스가 체계화한 로마법은 법학자들에게 알려지게 되었고, 이후 그들은 모두 울피아누스 방식을 따랐어요. 결국 그는 법을 폭넓게 이해하고 널리 알리는 데 큰 역할을 했지요. 뿐만 아니라 전에는 보이지 않았던 원칙을 명확히 함으로써 이후에 법을 질서 있게 발전시키는 데 도움을 주었고, 미래의 판결과 입법을 이끌 수 있었답니다.

Ulpian

출생 연대 미상,
페니키아 티루스
업적 로마법 전통 초기에
흩어져 있던 법 조항들을
체계화함
사망 228년, 로마

로마법에 대해 울피아누스와 그의 후계자들이 이루어 낸 성과는 보통법의 발전 과정에서도 큰 역할을 했답니다. 보통법이 무질서하고 체계가 없다며 성문화를 요구하던 사람들의 눈앞에는 로마법이라는 눈에 띄게 훌륭한 예가 있었던 거지요. 그래서 코크 경과 블랙스톤, 맨스필드는 훌륭한 선례를 따라 중요한 업적을 남길 수 있었어요. 어쩌면 그들을 보통법의 울피아누스라고 할 수 있을 거예요.

생각 씨앗
헌법의 권한은
어디까지일까?

**영국 헌법의
수호자**

에드워드 코크 경

에드워드 코크 경은 근대 영국 헌법의 발달 과정에서 큰 역할을 했고 나아가 미국 헌법에도 기여했지만 안타깝게도 그 업적만큼 잘 알려져 있지는 않답니다. 국왕에게 국민의 권리를 선언한 코크의 '권리청원'은 1689년 영국 '권리장전'의 기초를 형성했고, 이후 유엔의 '세계 인권 선언' 등 세계적인 인권 선언에 큰 영향을 주었어요.

코크는 노르위치와 케임브리지의 트리니티 대학교에서 공부했어요. 졸업 후 1589년에 의원이 되었고, 1592년에는 국회 의장이 되었답니다. 1년 뒤에는 프랜시스 베이컨 경을 밀어내고 법무장관으로 임명되었지요. 그후 민사 소송 법원의 대법관을 거쳐 1613년에는 왕좌 재판소의 대법관이 되었답니다.

코크는 군주제와 의회의 공격에 맞서 영국의 헌법체계를 수호하는 데 선구적인 역할을 했어요. 그와 관련해 알려져 있는 일화 중 하나가 1610년 '보넘 박사의 판례'일 거예요. 당시 왕립 외과 협회의 기록에 의하면 면허 없이 의료 행위를 한 죄로 토머스 보넘을 투옥했는데 코크는 그것이 헌법의 권한을 넘어선 것이라고 해석했답니다. 대부분의 학자들은 그 결정을 '사법 심사'라는 원칙을 표현한 것으로 받아들였어요. 사법 심사란 헌법이 행정부뿐 아니라 입법부의 권한까

지 제한한 것으로 사법부는 사법권을 유지해야 한다는 내용을 골자
로 하고 있지요.

코크가 보통법에 미친 영향은 그가 사법부를 지배했기 때문만은
아니었어요. 미국 식민지 법률가들과 초기 공화주의 법률가들은 수
십 년 동안 그의 사상에서 보통법의 정수를 배웠답니다. 코크가 초안
을 작성한 '버지니아 회사 헌장'은 일찍이 미국 식민지에서 입헌주의
를 기록으로 남긴 선례가 되었지요. 무엇보다 코크의 '권리청원'은 영
국의 헌법 역사에서 큰 의의를 가집니다. 이는 국민의 기본적인 자유
권을 보장하는 내용을 담은 것으로 의회의 동의 없이는 과세할 수 없
으며 법에 의하지 않고는 누구도 체포나 구금을 할 수 없음을 명시하
고 있지요.

헌법 수호자로서의 역할과 군주제에 대한 저항으로 코크는 때때
로 곤경에 빠졌어요. 그는 1616년에 대법관직에서 쫓겨났고, 1620년에
의원의 신분으로 의회로 돌아갔어요. 그곳에서 그는 군주제를 심하게
공격하여 다른 국회의원들과 함께 반년 동안 투옥되기도 했지요. 하
지만 결국 1628년 의회를 이끌고 찰스 1세에게 자신이 초안을 작성했
던 '권리청원'에 동의하게 만들었어요. 이것은 마그나카르타, 권리장전
과 함께 영국 헌법의 핵심이 되었답니다.

Sir Edward
Coke

출생 1552년, 영국 노퍽
업적 영국 헌법 이론가로
사법체계에 공헌
사망 1634년, 영국 런던

Separation of Powers and Judicial Review

권력 분립과 사법 심사

{ 사법 심사에 의해 규제되는 헌법의 권력 분립이라는 개념은 흔히 현대 초기 영국이나 미국의 헌법과 관련이 있다고 여깁니다. 하지만 실제로는 이보다 훨씬 오래된 것이어서 법치주의 이상의 뿌리와 함께 세계 여러 문명권에서 찾아볼 수 있어요. 지금은 영어권 국가들을 넘어 세계 곳곳에 널리 퍼져 있지요. 법치주의를 실현하는 제도적 방편이 바로 권력 분립과 사법 심사랍니다. }

　　사법 심사의 중심에는 법치주의라는 개념이 있어요. 법치주의에서는 누구나 그렇듯이 통치자도 법 원칙을 따라야 합니다. 그런데 만약 통치자가 정당성을 입증해야 한다면 어떻게 해야 할까요? 혼자서 하늘에 고할까요, 아니면 지상에서 정당성을 입증하는 방법이 있어야 할까요?

　　고대 사회에서는 존경 받는 성직자들이 그 역할을 했답니다. 즉, 통치자가 조언을 구하면 성직자는 천상의 명령에 비추어 숙고한 후 그 행위의 타당성을 판단했던 거지요. 때로는 성직자가 정치권의 어떤 자리에 앉을 사람을 지명하거나 승인하는 역할도 맡았어요. 고대 그리스, 중세 유럽, 이슬람 세계에서 뜨거운 논쟁거리였던 여러 정치적 문제들은 확실히 종교적 권한과 정치 권한의 범위에 대한 것이었답니다. 물론 이러한 논란은 오늘날에도 계속되고 있지요.

　　정치 권력을 분립하고 그 경계를 강화해야 한다는 생각은 세속 정치

40

에서도 매우 중요하게 생각되었어요. 전통적으로는 군주에게 속했던 집행 권한을 점검하는 역할이 한때는 전적으로 종교계에 있었지만 점차 입법부로, 그다음에는 사법부로 넘어갔답니다. 군주의 조언자와 대중들의 청원자도 입법부로 진화했지요. 재판관이 긴 가운을 입는 관습은 지금까지 남아 있어서 그들이 원래 성직자의 자리를 물려받았다는 것을 상기시킨답니다.

권력 분립과 헌법의 사법 심사 제도는 영국에서 현대적인 형태로 처음 등장한 것 같아요. 논란의 여지는 있지만 근대의 사법 심사에 관한 최초의 이론가는 아마도 코크 경일 거예요. 미국 공화국 수립을 책임진 재능 있는 법률가 세대는 몽테스키외의 영국 헌법 해석뿐 아니라 코크 경의 책에서도 많은 영향을 받았답니다. 미국 건국에 기여한 제퍼슨, 해밀턴, 매디슨은 몽테스키외의 이상화된 영국 헌법 해석과 코크 경의 책을 마음에 담고 법을 설계했고, 그것이 결국 미국의 헌법이 되었어요.

핵심적인 정부 기능을 분리하고, 정당하게 권력의 범위를 제한하는 움직임은 영국과 미국에서 시작되어 전 세계로 퍼졌지요. 그래서 대부분의 민족국가에서는 형식적으로라도 이러한 권력의 분립을 따르고 있답니다.

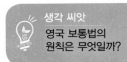

생각 씨앗
영국 보통법의
원칙은 무엇일까?

**영국 보통법을
집대성**

윌리엄 블랙스톤

윌리엄 블랙스톤 경은 『영국 법률에 대한 논평』이라는 논문 한 편으로 법의
역사에 위대한 발자취를 남겼어요. 영국 보통법을 구성하던 방대한 양의 재
판부 기록에서 규칙과 원칙을 뽑아내 체계화한 것이었지요. 이것은 이후 세
대 법률가와 재판관들의 법 이해에 핵심을 이루었고 그 영향은 영국, 미국을
넘어 영국 보통법에 뿌리를 둔 전 세계 모든 사법권에 미쳤답니다.

블랙스톤은 1723년에 상인 집안에서 태어나 차터
하우스 학교와 옥스퍼드의 펨브로크 대학에 다녔
어요. 그는 우수한 학생이었고 1743년에는 올 소
울스 대학의 선임 연구원이 되었지요. 3년 후 미
들 템플 법학원의 법률가로서 법조계에 발을 들
여놓게 됩니다. 그런데 블랙스톤은 법정에 서는 일보다는 문서를 체계
화하는 일에 더 소질이 있었던 것 같아요. 1758년에 뉴인홀의 학장이
되어 옥스퍼드로 돌아갔고 그곳에 끝까지 남았답니다. 그렇다고 블랙
스톤이 학계에만 머물지는 않았어요. 1761년에는 힌든을 대표하는 의
원이 되었고 왕실 고문 변호사로 한동안 일하기도 했지요.

블랙스톤의 명성이 높아진 것은 『영국 법률에 대한 논평』이라는
글 덕분이에요. 이전까지 영국의 보통법을 익힐 수 있는 길은 재판관
이 남긴 문서를 보고 방대한 양의 판례법에 통달하는 것뿐이었어요.

판례들을 뒷받침하는 기본 원칙이나 규칙을 체계적으로 설명한 것은 거의 찾아볼 수 없었답니다. 그런데 블랙스톤의 논평이 모든 것을 바꿔 놓았지요.

블랙스톤의 체계화 작업은 단순히 많은 내용을 추려 요약한 것이 아니었어요. 근거에 따른 법리적 해석을 담았답니다. 그의 설명은 후대 법률가들에게 널리 읽혔고 지대한 영향을 미쳤어요. 출판 후 1세기를 훌쩍 넘어서도 블랙스톤의 논평은 많이 읽혔고, 영국의 법률가와 재판관들은 그의 견해를 따랐어요.

미국에서는 더 오랫동안 막대한 영향력을 발휘했답니다. 실제로 오늘날까지도 미국의 법률가와 재판관들은 미국이 세워질 당시 보통법이 어떻게 해석되었는지를 살필 때 결정적으로 블랙스톤의 논평을 인용한답니다. 에이브러햄 링컨을 비롯해 미국 개척 시대의 수많은 저명한 법률가나 정치가들은 블랙스톤의 저술을 읽으면서 법을 처음 배웠지요. 아무튼 그의 논평은 미국에서도 잘 들어맞았어요. 그의 논평은 『모비딕』이나 『앵무새 죽이기』 등 미국의 대표적인 소설에서 언급될 정도여서 문화적 상징성까지 얻었답니다.

Sir William
Blackstone

출생 1723년, 영국 런던
업적 보통법에 대한 법률적 해석의 근간을 형성함
사망 1780년,
영국 월링퍼드

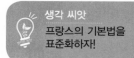

프랑스 민법전 제정자 나폴레옹 보나파르트

> 근대 초기 유럽의 역사에서 나폴레옹이 미친 영향력은 대단했어요. 법의 역사에서도 마찬가지랍니다. 그가 만든 『프랑스 민법전』은 그 당시의 계약법과 불법행위법을 체계화한 것으로, 여러 시민법에 영향을 주었고, 이후 표준적인 성문화 작업을 촉발시켰어요. 그래서 그의 여러 승리 중에서도 가장 위대한 업적으로 남았답니다.

나폴레옹은 1769년에 코르시카라는 지중해의 작은 섬에서 태어났어요. 그곳은 제노아 공화국이 프랑스에 넘긴 섬이었지요. 아홉 살이 된 나폴레옹은 트로이 근처에 있던 프랑스 군사 아카데미에 들어갔고 이후 파리에 있는 사관학교에 입학했어요. 그러고는 프랑스 주둔지에서 소위로 근무하게 되었어요.

1789년에 일어난 프랑스 혁명은 그에게 날개를 달아 주었어요. 자코뱅파 편에 섰던 나폴레옹은 수많은 전투에서 왕당파와 영국, 이탈리아, 오스트리아 군대에 대항하여 뛰어난 전술가임을 입증했지요. 18세기가 끝날 무렵까지 그는 프랑스를 위해 이탈리아 반도, 이집트, 팔레스타인 영토의 상당 부분을 획득했답니다.

1799년 말에 나폴레옹은 프랑스로 돌아왔는데 당시 프랑스를 다스리던 총재 정부는 나라를 파산 상태에 빠뜨렸고 부패와 무능으로 평판이 땅에 떨어져 있었어요. 탈레랑을 포함하여 여러 총재들은 음모를 꾸몄고 정부를 장악하고 있던 시에예스 총재를 몰아내려고 나폴레옹에게 지지를 구했지요. 나폴레옹은 이들을 따르는 듯 보였지만 교묘한 책략을 써서 스스로 제1통령이라는 자리에 올랐답니다. 자신이 만든 새 헌법으로 확립된 자리였지요. 2년 후 나폴레옹은 또 다른 헌법을 승인했는데, 이로써 그는 종신통령이 되었어요.

그가 법 역사에 남긴 기억할 만한 자취는 이후 몇 년 동안 이어졌어요. 공공 재정, 대중교통, 고등교육, 은행 등을 개혁하여 오늘날까지 지속되는 프랑스의 사회 체제를 만들었어요. 뿐만 아니라 다수의 법안을 고안하고 제정·반포하는 일을 주도했는데, 특히 『프랑스 민법전』이 가장 중요하답니다. 여기에는 개인 간의 재산 관계와 가족 관계에 관한 내용이 담겨 있어요. 이 법으로 봉건적 재산권은 종말을 고했고 귀족이 아닌 사람들도 토지를 획득하고 소유할 수 있게 되었어요. 오늘날 민법의 기본 원리와 주요 내용들은 대부분 이것을 기초로 해서 발전했답니다.

Napoleon
Bonaparte

출생 1769년, 코르시카
업적 프랑스 민법전을 만들어 여러 민법의 기반이 됨
사망 1821년, 세인트헬레나 섬

Adversary Process and Inquisitorial Process

당사자주의와 직권주의

> 당사자주의와 직권주의는 재판 과정의 주도권을 누가 갖고 있느냐로 구분됩니다. 당사자주의에서는 논거를 찾고 증거를 제시하는 것이 당사자들인 반면, 직권주의에서는 재판관에게 주도권이 있어요. 그러나 이 둘의 구분은 보통법, 대륙법처럼 역사적이고 개념적인 구분이며 실제에서는 엄밀하지 않아요. 오늘날에는 서로의 요소를 받아들여 발전하고 있답니다.

당사자주의가 보통법과 함께 발전했다면 직권주의는 대륙법과 함께 발전했어요. 직권주의라는 말도 실은 대륙법처럼 로마법에서 나온 용어랍니다. 당사자주의와 직권주의의 중요한 차이는 소송 절차에서 누가 주도권을 잡으며 누가 비용을 부담하느냐에 있어요. 당사자주의에서 논거를 개발하고, 그 논거를 지지할 증거를 찾고, 둘 사이에 판결을 내려 달라고 심판관에게 요청하는 사람은 주로 당사자들이에요. 반면 직권주의에서는 재판관이 법적 분쟁을 야기한 상황을 보고 그 갈등 상황에 어떤 법을 적용해야 하는지를 결정하지요.

직권주의는 공정성과 객관성이 크다는 장점이 있답니다. 당사자주의에서는 더 부유하거나 똑똑한 쪽이 재판에서 유리할 수 있으니까요. 한편 당사자주의의 장점은 국고의 부담을 줄일 수 있다는 거예요. 사실을 확인하고 논거를 개발하는 비용을 당사자들이 부담하기 때문이지요. 또

시대를 움직이는 힘

한 당사자주의에서는 당사자들의 이익이 걸려 있기 때문에 강력하고 열성적인 변론이 나올 수 있답니다.

　과거에는 이 둘 사이에 엄밀한 차이가 있었지만, 현대에는 각기 다른 편의 요소를 받아들이고 있어요. 예를 들면 현대의 직권주의에서도 점차 당사자들을 법정에 불러 증거를 제시하고 변론을 펼치게 하지요. 또 현대의 당사자주의는 재판관이 수동적인 심판자 역할에서 적극적인 운영자 역할로 바뀌었답니다. 재판관이 재판의 전 단계에서 정기적으로 당사자들을 만나 일정이 늘어지지 않게 조정하고, 사실 발견을 위해 종합적으로 관리를 하지요. 또 재판관이 전문가를 통하거나 직접 현장을 조사함으로써 재판을 뒷받침할 증거를 찾아내기도 해요. 물론 당사자들은 이 모든 과정에서 자신들이 수집한 증거를 통지하고 전략을 구사할 수 있어요. 이렇게 당사자주의 대 직권주의는 역사적이고 개념적인 구분이 되었답니다.

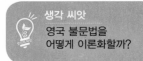

영국 불문법을
어떻게 이론화할까?

영국 헌법의 해석자   몽테스키외 남작

몽테스키외는 계몽 시대의 문화 사상가이자 정치 사상가로서 영향력이 큰 인물이었어요. 그는 여러 분야에 폭넓은 관심을 갖고 있었고, 여행을 즐겼다고 해요. 그가 남긴 업적은 여러 가지가 있지만, 영국의 불문법을 해석하고 이론화하여 영국과 미국의 헌법에 영향을 주었어요. 특히 『법의 정신』에 담긴 '삼권 분립' 개념은 지금도 국가 권력 체계의 핵심이랍니다.

몽테스키외는 1689년에 프랑스 보르도에서 태어났어요. 가톨릭계인 쥐이 대학에서 공부한 후, 1715년에 결혼을 했지요. 이때 생긴 많은 지참금을 기반으로 그는 독립적인 학자의 삶을 살 수 있었답니다. 큰 아버지가 세상을 떠나자 엄청난 재산과 함께 남작의 작위까지 물려받았어요.

그가 살던 시기는 유럽 정치 역사에서 격변의 시기였답니다. 몽테스키외가 태어난 해에 영국의 명예혁명이 성공했고, 그때부터 영국은 입헌 군주제를 표방했어요. 1707년에는 잉글랜드와 스코틀랜드가 합병했고, 또 1715년 오래 집권했던 루이 14세의 죽음으로 프랑스에서는 한 시대가 막을 내렸답니다. 프랑스 계몽 시대의 젊은 지성인이라면 엄청난 사회적, 정치적 변화와 나아갈 방향에 대해 깊이 생각하지 않을 수 없었을 거예요.

시대를 움직이는
힘

Baron de
Montesquieu

출생 1689년,
프랑스 보르도
업적 영국의 불문법을
이론화
사망 1755년, 프랑스 파리

몽테스키외의 권력 분립에서는 국가 권력을 입법부, 행정부, 사법부로 나누었다. 이들은 서로 감시하고 균형을 유지함으로써 책임이 강화되며, 이러한 구분은 많은 현대 민주주의 정부 체제에 내재되어 있다.

1721년 『페르시아인의 편지』를 발표한 몽테스키외는 문학적 명성을 크게 얻었어요. 파리를 방문한 페르시아인이 보내는 편지라는 기발한 착상으로 그는 근대 프랑스 사회의 부조리를 날카롭게 관찰하고 신랄하게 비판했지요. 1734년에는 고대 로마 공화국 멸망의 원인에 관한 책을 발표했어요. 이 책은 에드워드 기번의 『로마 제국 쇠망사』(1776)보다 앞섰고, 이후의 공화주의자 세대, 특히 18세기 후반 미국의 저항 세력에도 영향을 미쳤답니다.

몽테스키외가 더 유명해진 것은 1748년에 익명으로 출판한 『법의 정신』 때문이었답니다. 부패한 사회의 문제를 해결하기 위해 나라의 권력을 셋으로 나누고, 이 세 기관이 서로 견제하도록 해야 한다는 내용을 담았지요. 자유를 지키기 위한 '삼권 분립' 개념은 영국과 미국의 사상가들에게 울림이 컸어요. 특히 헌법의 아버지로 불리는 제임스 매디슨은 새로운 미국 법의 인준을 위해 이 책을 인용했답니다.

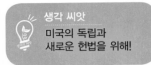

생각 씨앗
미국의 독립과
새로운 헌법을 위해!

**미국의
공화주의자**

토머스 제퍼슨

토머스 제퍼슨은 똑똑하고 호기심 많은 청년이었어요. 그는 미국에서 최초
로 공공 모금으로 설립한 고등 교육기관을 운영했고, 건축가로서도 유능했
지요. 법률가로서 그는 중앙 정부 아래 분리된 지방 입법 기관이 존재하는
방식의 새로운 헌법 이론을 제시했고, 이것은 영국연방의 본보기가 되었어
요. 미국 독립 선언문의 초안도 그가 작성했어요.

제퍼슨은 당시 영국 식민지 버지니아에서 담배
농장을 운영하던 성공한 집안에서 태어났어요.
1767년에 버지니아 법조계에 들어가 1773년까지
해마다 수백 건의 소송을 다루었지요. 영국과
북아메리카 식민지의 관계가 악화되던 1770년대
초반에 제퍼슨은 혁명 정치에 뛰어들었어요. 1769년에 버지니아 자치
의회에서 앨버말 카운티를 대표하는 의원으로 선출되자 이미 싹트기
시작한 반란의 중심에 서게 되었답니다. 나중에 참을 수 없는 법으로
알려진 법안이 의회를 통과하자 제퍼슨은 법 제정을 규탄하는 글을
남겼고, 이 글들은 『영국령 북아메리카의 권리에 대한 요약』으로 정리
되었어요. 그가 제시한 새로운 헌법 이론은 영국연방의 본보기가 되
었답니다.

　1775년 북아메리카 식민지와 영국 사이에 전쟁이 발발하자 제퍼슨

은 버지니아의 대표로 2차 대륙회의에 참여했어요. 대륙회의는 나중에 의회로 발전했지요. 대륙회의에서는 영국으로부터의 독립을 공식적으로 선언할 것을 검토하기 시작했어요. 그 선언문 준비의 책임을 맡을 위원으로 제퍼슨이 지명되었어요. 이로써 그는 독립 선언문의 초안을 작성한 주요 인물이 되었지요. 자유 민주주의 사상을 최초로 주장한 이 선언문은 이후 세계 인권 선언을 포함하여 정치적 독립과 인간의 기본 권리에 관한 문서에 크게 영향을 주었답니다.

제퍼슨은 정부의 여러 요직에서 일하면서 1787년에 작성된 새로운 미국 헌법에도 간접적이었지만 중요한 영향을 미쳤어요. 1789년부터 1793년까지 그는 새 헌법을 바탕으로 수립된 미국 정부에서 최초의 국무장관으로 일했는데 이때부터 재무장관인 알렉산더 해밀턴과 강력한 경쟁 관계도 시작되었답니다. 두 사람 모두 워싱턴 대통령의 주요 조언자였지만 새 나라가 어떤 정치 체제를 이루어야 하는지에 대해서는 견해가 극과 극으로 갈라졌어요. 해밀턴과 제퍼슨의 극단적인 입장 차이는 미국 헌법의 해석 방식에서 두루 지속되었고, 지금까지 미국의 주요 정당인 민주당과 공화당이 서로 균형을 이루는 방식에도 남아 있어요. 미국 헌법 전문가들은 지금도 '제퍼슨주의'와 '해밀턴주의'에 따라 논쟁을 벌인답니다. 하지만 해밀턴은 제퍼슨을 강직한 사람으로 생각했고, 또 제퍼슨도 해밀턴을 진실하고 재치 있는 사람으로 평가했지요. 1800년 제퍼슨은 미국의 세 번째 대통령이 되었답니다.

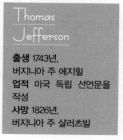

Thomas
Jefferson

출생 1743년,
버지니아 주 에지힐
업적 미국 독립 선언문을
작성
사망 1826년,
버지니아 주 샬러츠빌

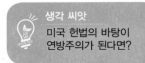

생각 씨앗
미국 헌법의 바탕이
연방주의가 된다면?

**열정적인
연방주의자**

알렉산더 해밀턴

알렉산더 해밀턴은 『연방주의자』의 주요 저자 중 한 사람이에요. 이 책은 당시로는 새로웠고 아직 승인되지 않았던 미국 헌법을 대신하는 요약본이었지요. 『공화주의자』가 정치 이론에 기여한 것 이상으로 이 책이 미국의 법률, 정치, 경제에 남긴 중요성은 아주 크답니다. 그는 연방의 권한을 강화할 것을 주장했는데, 이 견해는 설득력이 있어서 존 마셜도 그를 인정했어요.

열한 살에 고아가 된 해밀턴은 크루거라는 사람의 가게 점원으로 일하기 시작해서 곧 사업을 벌였어요. 열네 살에 해밀턴은 네비스로 막 부임해 온 휴 녹스의 주목을 받았답니다. 녹스와 크루거는 돈을 모아 해밀턴이 대학 진학을 준비할 수 있도록 북부로 보냈어요. 보통 몇 년씩 걸리는 준비 과정을 해밀턴은 몇 달 안에 마쳤고, 뉴욕의 킹스 칼리지로부터 입학 허가를 받았어요.

재학 시절, 미국에서 독립 전쟁이 일어나자 해밀턴은 군에 입대했어요. 에너지가 넘치고 전술과 조직 능력이 뛰어났던 해밀턴은 조지 워싱턴의 눈에 띄었답니다. 그래서 워싱턴 장군의 참모로 일하게 되었지요. 전쟁 마지막 해에 해밀턴은 미국 연방의회의 뉴욕 대표로 지명되었지만 곧 좌절감을 느꼈어요. 전쟁에 총력을 기울여야 할 때에 제 역할을 못하는 무능한 연방의회 때문이었지요. 그래서 『연합 규약』의

개정을 요청하는 글을 썼답니다.

1년 뒤 의원직을 사임한 해밀턴은 독학으로 법을 공부하여 뉴욕에서 변호사가 되었어요. 그는 창의적인 법 정신을 지니고 있었고, 지칠 줄 모르는 열정으로 법을 옹호했어요. 또한 대의명분을 열성적으로 지켰기 때문에 명성을 떨쳤지요.

Alexander
Hamilton

출생 1757년, 영국령 캐리비언 지역의 네비스 섬 찰스타운
업적 헌법의 틀을 마련하고 헌법을 수호한 이론가
사망 1804년, 뉴욕 시

오래지 않아 해밀턴은 새로 독립한 공화국의 정치인으로 복귀했어요. 그는 버지니아에서 온 젊고 뛰어난 의원인 제임스 매디슨과 협력했어요. 두 사람은 먼저 헌법 초안을 작성하고 헌법 제정 회의의 승인을 받아 내는 일을 함께 했어요. 그다음에는 각 주로부터 헌법 비준을 받아 내야 했지요. 대의명분을 설명하기 위해 두 사람은 존 제이와 함께 『연방주의자』를 공동 저술했답니다.

새 헌법에 의해 미국의 대통령 직이 만들어졌고, 최초로 대통령 자리에 오른 워싱턴은 해밀턴을 재무장관에 임명했어요. 해밀턴은 재무장관이면서 실질적인 수상의 역할까지 했고, 새로 태어난 미국 정부의 법과 재정 체계를 위해 많은 기여를 했답니다.

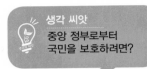
미국 헌법의 작성자
제임스 매디슨

> 제임스 매디슨은 토머스 제퍼슨, 알렉산더 해밀턴과 함께 미국 건국의 아버지로 꼽힌답니다. 그가 작성한 미국 헌법은 국가를 구성한 세계 최초의 성문법으로 여전히 효력을 발휘하고 있지요. 특히 그의 수정 헌법은 미국의 권리 장전으로 알려져 있는데 중앙 정부로부터 국민의 기본권을 보호하는 내용이 었어요. 이로써 미국 헌법은 의회의 비준을 얻는 데 성공했답니다.

매디슨은 당시 영국 식민지였던 버지니아의 피드먼트 지역에서 담배 농장을 경영하던 집안에서 태어났어요. 그는 뉴저지 칼리지(오늘날의 프린스턴 대학교)에 다녔는데 4년의 공부 과정을 2년 만에 마쳤답니다.

1776년에 매디슨은 막 독립을 선언한 버지니아의 의원으로 선출되었어요. 그는 곧 토머스 제퍼슨과 연대를 맺었고, 버지니아의 『종교적 자유 선언』 작성을 도왔답니다. 이 일은 교회와 국가를 구분하려고 애쓴 오랜 역사의 시작이었지요.

1780년에 매디슨은 버지니아 대표로 대륙 회의에 참여했고 입법자로서 명성이 높아지기 시작했어요. 매디슨은 의회의 역할에 정통했고 법률을 고안하고 초안을 작성하는 일에 경이로운 능력을 지니고 있었답니다. 미국이 독립하자 매디슨은 국가 건설이라는 과제를 수

행하기에는 미국 정부가 너무 약하다는 생각
을 했어요.

1780년대 후반 매디슨은 알렉산더 해밀턴과
연합하여 새로운 헌법을 만들었답니다. 1787년
펜실베이니아의 필라델피아에서 열린 헌법 제
정 회의에서 매디슨의 '버지니아 계획' 초안은

James Madison

출생 1751년,
버지니아 콘웨이 항
업적 미국의 초기 입법자
중 한 사람
사망 1836년,
버지니아 몬트펠리어

미국 헌법의 기초를 마련했어요. 행정부, 입법부, 사법부로 구성되는
연방 시스템은 부분적으로는 몽테스키외의 영국 불문법 해석에서 영
감을 받았지요.

매디슨은 새 헌법의 수정 조항도 작성했는데, 이 수정 헌법은 권리
장전으로 알려져 있어요. 그 내용은 중앙 정부가 저지를지 모르는 횡
포로부터 국민을 보호하는 기본권에 대한 것이었지요. 당시 연방주의
자들은 강력한 정부를 원했지만 많은 사람들은 이런 정부가 무거운
세금을 매기고 독재를 행사할까 봐 우려했어요. 강력한 정부를 원하
는 진영과 그것을 반대하는 쪽의 격렬한 논의가 이어졌고, 권리장전을
통해 이러한 대립이 일단락되었답니다. 이러한 과정은 미국이 정치적
다원주의를 이루는 데에도 기여했어요.

"국가가 설립 목적에 해롭거나 부적절함을 발견할 때면 언제든지
국가를 개혁하거나 바꿀 수 있는 권리를 지닌다. 그 권리는 의심의 여
지가 없고 양도할 수 없으며 파괴할 수도 없다."

– 미국 권리장전 도입부

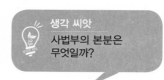
사법부를 수호한 대법원장   존 마셜

> 존 마셜은 헌법을 통해 미국을 종이 위에 설계한 건국의 아버지예요. 또한 영향력 있는 대법원장으로서 새 정부가 나라를 운영하는 데 결정적인 역할을 했답니다. 마셜은 대법관 9명이 각각 의견을 제시하는 방식 대신 하나로 모아진 법정 의견을 발표했어요. 그러한 관행은 오늘날까지 계속되고 있답니다. 또 위헌 심사권을 제시하여 사법부가 실질적인 권한을 갖게 했지요.

마셜은 미국 접경 지역의 시골에 있는 통나무 오두막에서 태어났어요. 그의 어머니는 토머스 제퍼슨의 사촌이었지요. 1775년 미국 독립 전쟁이 일어나자 마셜은 버지니아 의용군에 자원했고 곧 중위가 되었어요. 그리고 1779년에 법을 공부하기 위해 버지니아 수도인 윌리엄스버그로 돌아가 법률가 조지 위스에게 지도를 받았는데 위스는 제퍼슨의 멘토 역할을 했어요.

1788년에 마셜은 미국의 새 헌법 비준을 결정하기 위한 버지니아 회의에 대표로 참석했어요. 그는 새로 만들어진 연방주의자 정당에서 활발히 활동했고 헌법 비준을 위해 싸웠지요. 마셜이 법 역사에 길이 남을 업적을 이룬 것은 제4대 미국 대법원장으로 일하면서였답니다. 당시 대법원은 대통령, 그리고 의회와 함께 가장 위상이 높았지만 그 역할을 제대로 못하고 있었어요.

마셜은 처음으로 사법부의 위헌 심사권을 제시한 것으로 유명하답니다. 마버리 대 매디슨 사건에서 그는 법이 무엇인지를 밝히는 것이 사법부의 본분이자 의무라고 진술했어요. 이것은 당시로서 아주 혁명적인 의미가 있는데 의회가 통과시킨 법률이라도 대법원이 위헌으로 판결하면 무효화할 수 있다는 것이죠. 이후 사법 심사는 미국 헌법 관행에서 영국의 코크 경의 방식을 따라 확고하게 자리를 잡았답니다.

마셜의 또 다른 유명한 판례는 1819년 맥컬로치 대 메릴랜드 사건이에요. 그때 법원은 미국 세컨드 은행의 합헌성을 지지했고 연방 기관에 세금을 부과한 메릴랜드 주의 처사를 무효로 했지요. 이것은 미국 헌법에 있어 연방의 우위를 보장했다는 의의가 있어요.

존 마셜은 미국에서 가장 오래 재임한 대법원장이었고, 1835년에 사망하기까지 그 자리를 유지했어요. 그는 강한 연방 정부와 힘 있는 사법부라는 선례를 남겼답니다.

John Marshall

출생 1755년, 버지니아
업적 미국 대법원의 사법 심사에서 본보기를 남김
사망 1835년, 펜실베이니아 필라델피아

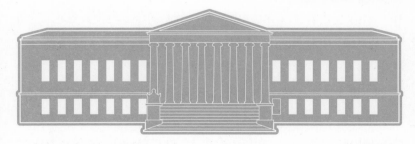

존 마셜은 대법원을 권력의 중심으로 확립하고, 연방 정부의 중요하고 독립적인 한 부분으로서 사법부의 위치를 확고히 했다.

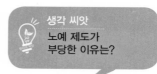

생각 씨앗
노예 제도가
부당한 이유는?

상법의 아버지 맨스필드

> 맨스필드 경의 정치계와 법조계에서의 경력은 전설과 같습니다. 중요한 정치 재판을 여러 건 주재하면서 공명정대한 판결로 지금까지 칭송을 받고 있지요. 특히 그는 두 가지 업적으로 유명한데 영국의 노예 제도 폐지에 기여한 점과, 영미권의 근대 상법의 기반을 닦은 점이랍니다. 또한 의회 정치 활동까지 하는 등 그의 영향력은 대단했어요.

원래 이름이 윌리엄 머리였던 맨스필드 경은 제5대 스토몬트 자작인 데이비드 머리의 막내아들로 스코틀랜드에서 태어났어요. 그는 옥스퍼드 대학을 졸업한 뒤 링컨스인 법학원에서 공부를 시작했지요. 1730년 변호사가 된 후, 곧 세상의 이목을 끈 여러 소송 사건에서 유능한 변호사로 이름을 떨치게 되었답니다. 1742년 맨스필드 경은 버로브리지의 의원으로 당선되었고, 곧 법무차관으로 지명되었어요. 1754년에 법무장관이 되었고, 1756년에는 왕좌 재판소의 수석 재판관이 되었지요.

맨스필드는 무엇보다 영국의 노예 제도 폐지에 기여했어요. 이를 도운 판결은 서머싯은 사건이었지요. 제임스 서머싯은 영국 식민지 버지니아에서는 합법으로 간주된 노예였는데 1772년에 스튜어트라는 그의 주인이 그를 영국으로 데려왔어요. 서머싯은 노예 제도가 위법이

58

시대를 움직이는
힘

라고 주장하면서 스튜어트를 고소했답니다. 이
에 맨스필드는 서머싯의 주장에 동의했고, 노
예 제도는 도덕적이든 정치적이든 어떤 이유로
도 채택될 수 없다는 유명한 글을 남겼지요. 그
는 실정법만이 노예 제도를 지지할 수 있는데
이미 그 근거가 사라졌다고 설명했어요. '실정

Mansfield

출생 1705년, 스코틀랜드
퍼스샤이어 스콘
업적 영국 노예 제도 폐지
라는 사법 결정에 기여
사망 1793년,
잉글랜드 런던 켄우드

법'이란 실제 상황에 따라 사용되는 법으로 국가에서 만들어진 성문
법을 말해요. 나라마다 시대마다 달라질 수 있기 때문에 종종 법이
올바른지에 대한 의문을 불러일으키지요. 이에 대비되는 자연법은 자
연의 질서에 바탕을 두고 시대나 사회를 초월해 적용되는 법이랍니다.
사실상 그는 자연법의 기반에서 실정법이 옹호했던 노예 제도를 반대
한 것이지요. 이렇게 시작된 논쟁은 결국 실정법 자체에 의해 노예 제
도 폐지를 이끌어 냈답니다.

맨스필드의 또 하나의 중요한 업적은 경제적으로 빠르게 발전하고
있던 영국과 미국의 상법을 현대화한 거예요. 당시 중세부터 내려오던
보통법은 발전하는 상업적 요구에 적절하지 못했어요. 그는 상업적으
로 훨씬 더 정교했던 로마법의 원칙과 효율적인 상업 관습을 잘 알고
있었지요. 그래서 현실에서 도움이 되지 않는 보통법 선례를 무시하고
합리적으로 판결할 수 있는 원칙을 만들었어요. 이렇게 온전히 개발
된 상법체계는 현대 영미권의 계약법과 상법을 줄곧 이끌고 있답니다.

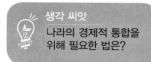
계약법과 불법행위법
개발자

벤저민 N. 카도조

> 카도조가 미국의 계약법과 불법행위법의 발전에 미친 영향은 맨스필드 경이 영국 상법에 기여한 것과 비슷하답니다. 그의 재판부 의견은 미국 로스쿨의 사례집에 수없이 등장하지요. 카도조는 홈스와 함께 미국 재판관 중에 가장 많이 인용되는 인물일 거예요. 그는 명판결로 유명할 뿐 아니라 명문장가로 도 알려져 있는데, 그의 글은 도덕적이면서 실용적이었어요.

카도조의 아버지도 부패 스캔들에 연루되기 전까 지는 재판관이었다고 해요. 벤저민 카도조의 재판 의견서에 특별히 도덕적 분위기가 강한 것은 가 문의 명성을 되찾으려는 열망 때문인지도 모르 겠어요. 그는 열다섯 살에 컬럼비아 대학에 입 학했고, 졸업 후 컬럼비아 로스쿨에 들어갔지요. 공부하는 동안 법학 학제가 2년에서 3년으로 늘었는데 카도조는 3년차에 학교에 머물기를 거절했어요. 그래서 역설적이게도 미국에서 가 장 뛰어난 21세기 재판 관은 법학 학위가 없답니다.

카도조는 1891년에 법정 변호사가 되었고 뉴욕 시에서 일했어요. 곧 뉴욕 제1심 법원의 재판관이 되었고 한 달도 채 지나지 않아 뉴욕 에서 가장 높은 상고 법원으로 옮겨 갔지요. 카도조는 그곳에서 18년 이 넘게 일하면서 현대 법에 깊은 흔적을 남겼답니다.

뉴욕 법원에서 카도조는 계약법과 불법행위법 등을 개발했어요. 산업화가 급속하게 이루어지고 있는 나라의 경제적 통합을 위해 실용적인 입장을 취했지요. 계약법에서 '금반언의 원칙'과 '제3자 수혜 원칙'은 그가 개발한 것이었어요. '금반언의 원칙'이란 이미 제기한 주장에 모순되는 반대 진술을 나중에 할 수 없다는 거예요. 또 불법행위법에서는 '근인(近因) 원칙'을 제시했지요. 한편 기업 조직법과 관련해서는 '수탁인 의무의 원칙'이 있는데, 이것은 가장 도덕적으로 엄격하다고 여겨집니다.

카도조가 남긴 의견서는 혁신적인 원칙만큼이나 매우 우아한 문체로 주목을 받고 있어요. 그가 시인 엠마 라자루스의 사촌이라는 것을 상기시키는 대목이지요. 『사법 절차의 본성』이라는 책은 카도조의 도덕적이면서 실용적인 사고방식을 엿볼 수 있어요. 이 책은 1921년 예일 대학교 로스쿨에서의 강연 원고를 출판한 것으로 지금도 널리 읽히고 있답니다.

카도조가 1932년에 연방 대법원 판사로 임명된 일은 놀랄 만한 일이 아니었어요. 현직 법관들의 요청과 함께 여러 법조계 인사들의 성원 속에 상원에서 만장일치로 지명이 이루어졌다고 합니다.

Benjamin N.
Caddozo

출생 1870년, 미국 뉴욕
업적 계약법과 불법행위법을 개발
사망 1938년, 미국 워싱턴 DC

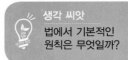

생각 씨앗
법에서 기본적인
원칙은 무엇일까?

자유와 법치주의 지지자

앨버트 벤 다이시

앨버트 벤 다이시는 불문율인 영국 헌법을 옹호한 대표적인 헌법 학자예요. 그의 저서는 헌법의 일부로 생각될 만큼 오늘날에도 영향력이 크답니다. 그는 법치주의, 권력 분립, 사법 심사를 지지했어요. 다이시는 이러한 고전적인 원칙들이 제대로 지켜지지 않아서 전통적인 영국의 자유가 위험에 빠졌다고 경고했답니다.

다이시는 빅토리아 시대 직전에 레스터셔 루터워스 근처에서 태어났어요. 옥스퍼드의 베일리얼 칼리지를 졸업한 후 런던에서 법학을 전공했고, 1863년에 변호사가 되었지요. 옥스퍼드의 올 소울즈 대학의 선임 연구원을 거쳐 19세기가 끝날 무렵에는 런던 대학교 경제 대학의 첫 교수가 되었고, 1899년부터 1912년까지 런던 노동자 대학의 교장으로 일했어요.

다이시는 영국 헌법, 헌법 이론, 헌법의 실제와 관련해서 영향력이 큰 논문을 여러 편 썼어요. 그는 대서양 건너에 있는 미국의 헌법에 대해서도 지식이 풍부했답니다. 이것은 다이시의 가장 영향력 저서인 『헌법 연구 서설』에 잘 드러나 있지요. 대표적인 논문 『추밀원』에서도 다이시는 영국인들이 누리는 자유의 뿌리는 헌법이 의회에 부여한 통치권과 훌륭한 보통법에 있다고 주장했어요. 또 정치권의 영향에서 자

62

시대를 움직이는
힘

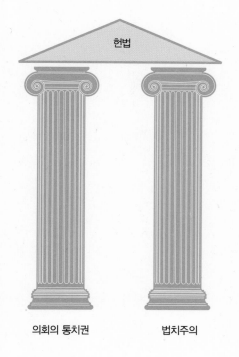

헌법

의회의 통치권

법치주의

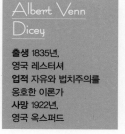

다이시는 의회의 통치권과 법 치주의에 의해 뒷받침되는 영 국 헌법이 영국 시민들의 자 유를 보호하는 데 필수적이 라고 주장했다.

Albert Venn
Dicey

출생 1835년,
영국 레스터셔
업적 자유와 법치주의를
옹호한 이론가
사망 1922년,
영국 옥스퍼드

유로운 법원이 공정하게 법을 집행하고 있는 덕분이라고 주장했답니다. 이러한 의미에서 그는 법치주의, 권력 분립, 사법 심사를 옹호했다고 할 수 있어요. 다이시는 또한 이와 관련된 기관들이 제 기능을 못해서 전통적인 영국의 자유가 위험에 빠졌다고 경고했답니다. 그래서 아마도 오늘날까지 영국과 미국에서 보수주의나 전통주의 성향을 지닌 정치 사상가와 법 사상가들의 칭송을 받는 것 같아요.

한편 다이시는 아일랜드의 자치를 공식적으로 반대하기도 했고, 정치적 문제를 결정하는 수단으로 국민투표 제도를 지지한 초기 인물이기도 했답니다.

3장

법 사상가

JURISTS, JURISPRUDES, AND JUSTICE, THINKERS

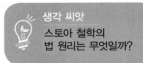
**공화주의
정치 이론가**

마르쿠스 툴리우스 키케로

마르쿠스 툴리우스 키케로는 역사상 가장 저명한 법률가이자 정치가요, 정치 사상가랍니다. 그의 연설과 법, 정치, 철학에 관한 저작들, 그리고 정치 경력은 수천 년 동안 언급되었고 여러 곳에서 인용되었지요. 키케로는 법뿐만 아니라 시, 역사, 수사학에도 뛰어났고, 그리스 문학과 철학에도 정통했어요. 그의 박식함은 연설이나 저술에서 충분히 드러났지요.

키케로는 로마에서 좀 떨어진 아르피눔의 귀족 가문에서 태어났어요. 기사였던 아버지에게서 교육을 받았고, 어려서부터 능력이 비범해서 저명한 법학자의 초대를 받아 로마법을 배우게 되었답니다. 기원전 83년경 키케로는 변호사로서의 경력을 선보였는데 독재자 로스키우스의 변호를 성공적으로 마친 후, 한동안 몸을 피해 로마를 떠나 아테네로 갔어요. 아테네는 유럽 지성의 수도였지요.

키케로는 기원전 70년대 중반에 로마로 돌아왔고 검찰관과 집정관으로서 뛰어난 정치 경력을 쌓기 시작했어요. 당시 로마는 사회적 불안과 내전으로 정치적 격변의 시대를 지나고 있었지요. 키케로는 당대의 중심 인물이었던 카이사르, 옥타비아누스와 때로는 우호적이었고 또 때로는 적대적이었어요. 그는 자주 시련과 위험에 놓였고 중대한

시대를 움직이는
힘

이해관계가 얽힌 정치적 갈등에 휩싸였지요. 결국 기원전 43년에는 정치적 암살의 표적이 되었답니다.

키케로는 법과 관련된 주요한 유산을 두 가지 남겼어요. 첫째, 그는 정의 구현이라는 기본 원리를 따르면서 그리스 스토아 학파의 철학을 라틴어로 옮겼어요. 그래서 체계적인 라틴어 철학 용어를 만들어 냈지요. 대부분의 법 원리들을 여기에서 끌어냈기 때문에 그것은 철학으로 표현된 로마법이라고 할 수 있었어요. 이 법은 실질적인 정의의 원칙으로, 나중에는 중세의 자연법 이론으로 발전했답니다.

둘째, 키케로는 로마 공화국에 대해 연구했는데, 그 기초가 된 개념은 자유와 제한된 정부, 행정부와 입법부 사이의 권력 분립이었어요. 이는 현실적인 정치 체제를 이론화한 것이었지요. 고대 정치 체제로의 회복을 모색하면서 키케로는 위대한 책들을 남겼어요. 그의 책은 북아메리카와 유럽의 정치 혁명, 그리고 18세기에서 20세기에 이르기까지 성문화된 헌법에 직간접적으로 영향을 미쳤답니다.

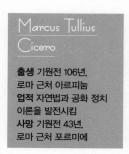

Marcus Tullius Cicero

출생 기원전 106년, 로마 근처 아르피눔
업적 자연법과 공화 정치 이론을 발전시킴
사망 기원전 43년, 로마 근처 포르미에

기원전 63년에 키케로는 가이우스 안토니우스 히브리다와 함께 집정관으로 일했다. 집정관은 1년 동안 일하는 선출직으로 정부의 우두머리 역할을 하는 행정 관료였다. 집정관은 항상 두 사람이 함께 선출되었는데, 권력의 남용을 막기 위해 서로 거부권을 행사할 수 있었다.

Natural Law and Legal Positivism

자연법과 법실증주의

{ '부당한 법도 법인가?'라는 질문은 아주 오래되었지요. 또 목소리를 높여 요구하는 것을 모두 들어주어야 할 법적 의무는 없어요. 한편 자신이 동의하지 않는다고 해서 명백한 법 조항에 대해 쉽게 법이 아니라고 부정하지도 못할 거예요. 그렇다면 파시스트가 만든 법이나, 부패한 재판관이 내린 결정, 독재자가 공표한 법령은 어떤가요? }

강제적으로 실시된 법령이 도덕적으로 따라야 하는 법이 될 수 있을까요? 가능하다면 그 시기는 언제였을까요? 부당한 법과 관련된 이러한 문제들은 법 철학에서 계속되는 논쟁거리랍니다. 본질적으로 애초에 허점이 많은 개념이어서 쉽게 논쟁이 끝날 것 같지는 않지만 그렇다고 해도 양극단이 아닌 입장을 찾을 수는 있답니다.

역사적으로 이 문제에 대해서는 두 가지 입장이 있어요. 우선 자연법의 입장에서는 부당한 법도 법이라고 여깁니다. 왜냐하면 자연법은 자연의 질서에 바탕을 두고 인간의 본성에 기초한 법이기 때문이에요. 말하자면 자연법은 '하늘의 법'으로 모든 사회에 적용되는 보편적이고 변치 않는 정의로운 법이라는 입장을 갖고 있어요. 고대 그리스 시대에는 자연의 섭리, 그리고 중세 봉건 사회에는 신의 섭리, 이후에는 인간의 합리적 이성이 자연법의 바탕이 되었고, 이것이 진정한 법이라는 거지요.

한편 법실증주의 입장에서는 국가가 실제로 제정한 실정법(實定法)만을 법으로 인정하고 오직 법 자체만을 논리적으로 파악한답니다. 원래 실정법도 사회의 질서를 유지하고, 실제 상황에 따라 사용하기 위해 만든 규범이에요. 그렇기 때문에 법은 시대와 사회에 따라 달라질 수 있고, 합법적인 권위자가 내리는 규칙이나 명령으로 본답니다. 물론 무엇을 권위로 인정할 것인지, 언제 권위가 합법적인지에 대한 문제는 다시 어려운 질문이 될 수 있어요. 이런 특성 때문에 실정법은 시대와 사회 변화에 따라 과연 올바른가 하는 의문을 종종 불러일으켰어요. 부패한 지도자 탓에 피폐해진 사회에서 너무 배가 고파 빵을 훔친 사람이라도 실정법에 의하면 가차 없이 처벌해야 하거든요.

현대의 자연법 이론과 법실증주의는 여러 가지 다양한 형태로 발전했어요. 그래서 극단의 위치에 있는 사람은 거의 없지요. 예를 들어 포괄적 법실증주의자는 법 조항을 해석할 때 도덕적 원칙까지 고려한답니다. 그리고 신자연법 이론가들도 법 내용의 정당성보다는 좋은 법을 만들고 나쁜 법을 폐지하는 일에서 절차의 합법성을 더 강조하지요.

오늘날 세련된 법실증주의자와 자연법주의자는 덜 극단적이고 더욱 미묘한 차이를 보이고 있어요. 그러면서 양쪽 모두 상식적인 직관을 제대로 보여 주려고 노력하지요. 무엇을 법이라고 하는지, 어떤 상황에서 어떤 규칙을 도덕적으로 따라야 하는지, 그리고 도덕 원리는 법의 틀과 해석에서 어떤 역할을 하는지에 대해서 점점 더 의견의 차이를 좁히고 있답니다.

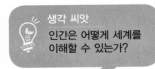
자연법
이론가

토마스 아퀴나스

중세 시대의 토마스 아퀴나스는 몇 마디 말로 설명할 수 없을 정도로 위대하고 뛰어난 지성인이에요. 법률가로서 그는 인간의 본성과 힘, 윤리학, 정치학, 그리고 자연법의 종합적인 원칙을 만들었답니다. 즉, 인간에게는 신이 부여한 이성이라는 능력이 있어서 세계를 질서 있게 이해할 수 있다고 주장했어요. 여기에 윤리적 표준과 법 규범이 작용하는 것이지요.

아퀴나스는 시실리 왕국의 로카세카에 있는 아버지의 성에서 태어났어요. 그의 가족은 귀족 가문이었고, 어머니는 신성 로마 제국 호엔슈타우펜 왕조의 혈통이었지요. 그의 삼촌 시니발드는 몬테카시노 베네딕토 수도원의 원장이었는데 아퀴나스도 장차 그곳의 수도원장이 될 거라는 기대 속에 자라났어요. 그래서 다섯 살 때부터 집 근처 수도원에서 공부를 시작했고 5년 뒤에는 나폴리 대학에 들어가 열여섯 살에 공부를 마쳤지요. 그런데 그는 베네딕토 교단 대신 도미니크 교단에서 천직을 찾으려고 결심했어요. 가족들은 그의 결심에 배신감을 느끼고, 그를 설득하기 위해 한동안 감옥에 가두기도 했답니다. 그러나 아퀴나스의 의지는 확고했고 결국 열일곱 살에 도미니크회 수도복을 입었지요.

학생 때부터 상당한 재능을 드러낸 아퀴나
스는 1244년 쾰른으로 가서 저명한 알베르투스
마그누스에게서 신학을 배웠어요. 마그누스가
파리 대학으로 가게 되자 아퀴나스도 함께 그
곳으로 갔지요. 그는 파리에서 신학 학위를 받
은 후, 파리와 쾰른뿐 아니라 로마와 볼로냐의

Thomas Aquinas
출생 1225년경,
이탈리아 시실리 로카세카
업적 아리스토텔레스 철
학을 신학 및 로마법과 함
께 종합함.
사망 1274년, 이탈리아
포사누오바 수도원

대학 등 온 유럽을 돌면서 책을 쓰고 강연을 했답니다. 이 시기에 나
온 기념비적 저술이 바로 『신학 대전』이었어요. 이 책은 성서와 기독교
원칙에 관한 아리스토텔레스의 연구를 종합하여 신학과 형이상학, 도
덕 철학을 아우르고 있지요. 아퀴나스는 이 책에서 자연법을 설명했
고, 이성의 힘을 통해 세계를 이해할 수 있다고 믿었답니다.

이러한 견해는 처음에는 아우구스투스를 따르는 신학자들로부터
저항을 받았어요. 그들은 인간이 신과 신의 율법을 이해할 수 없으며
인간은 단지 복종할 뿐이라고 생각했지요. 어떤 의미에서 아퀴나스를
반대한 사람들은 초기의 법실증주의자라고 볼 수도 있을 것 같아요.
통치에 있어 이성보다는 의지에 초점을 둔 것이지요. 아퀴나스도 의지
를 부정하지는 않았어요. 하지만 그에게 의지란 신의 의지를 의미했고
이치에 맞게, 즉 이성으로 이것을 이해할 수 있다고 주장했답니다. 아
퀴나스의 자연법 이론은 이후 세대인 푸펜도르프, 드워킨, 피니스, 그
로티우스와 같은 법률가들을 위한 발판을 마련했어요.

**위대한
법의 혁신가**

바르톨루스 데 삭소페라토

바르톨루스 데 삭소페라토는 아마도 중세 시대에 로마법을 해석한 가장 영향력 있는 인물일 거예요. 근대까지 유럽의 법은 대부분 로마법에 뿌리를 두고 발전했어요. 따라서 그 시대에 로마법에 정통하다는 것은 최고의 법 전문가라는 의미였지요. 바르톨루스파(派)가 아니라면 법률가가 아니라는 말이 나돌 정도로 그가 남긴 업적은 대단하답니다.

바르톨루스는 이탈리아 마르케에서 태어났어요. 어린 나이에 페루자 대학에 들어갔고 이름 있는 법학자 씨누스의 지도를 받았어요. 이어서 볼로냐 대학으로 갔는데 그곳은 수 세기 전의 로마법 연구를 선구적으로 부흥시킨 최고의 대학이었지요. 볼로냐에서 바르톨루스는 위대한 학자 벨비소와 올드라두스 아래에서 공부했어요. 그리고 1334년에 법학 박사 학위를 받았답니다.

1339년 바르톨루스는 피사를 거쳐 페루자 법학원에서 법을 가르쳤어요. 그의 노력 덕분에 페루자는 법 연구의 중심으로서 볼로냐와 겨루게 되었답니다. 1355년 신성 로마 제국의 찰스 4세는 바르톨루스를 고문으로 삼았어요. 그런데 2년이 못 되어 바르톨루스는 43세라는 젊은 나이에 세상을 떠나고 말았지요. 성 프란시스코 교회에 그의 묘

지가 마련되었고 커다란 기념비가 세워졌어요.

짧은 생애에도 불구하고 바르톨루스는 교수로서, 그리고 황제의 고문으로서 영향력 있는 법학 책을 많이 남겼어요. 그는 유스티니아누스가 쓴 『로마법대전』의 중요한 해설을 썼답니다. 특정한 법 주제에 관해서도 많은 논문을 썼는데, 그중에는 '항해와 하천 이용에 관한 법'도 있었어요.

Bartolus de Sassoferrato

출생 1313년,
이탈리아 베나투라
업적 중세의 가장 영향력
있는 로마법 해석자
사망 1357년,
이탈리아 페루자

바르톨루스는 위대한 법의 혁신가였답니다. 그는 로마법을 해석하여 여러 가지 기본적인 법 개념을 새롭게 이끌어 냈어요. 그중 상당수가 오늘날에도 대륙법체계에서 통용되고 있지요. 특히 주목할 만한 것은 국가와 도시처럼 범위가 다른 두 관계에서 법의 저촉 분야였어요. 또한 그는 근대 초기까지도 유럽에서 가장 영향력 있는 법학자이기도 했답니다. 그의 의견은 사후에도 유럽 사법권에서 최고로 여겨졌어요. 실제로 스페인과 포르투갈 같은 몇몇 나라에서는 더 직접적인 법 자료가 없다면 바르톨루스의 해석을 보라는 취지의 기록이 법령에 남아 있답니다.

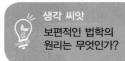
근대의 자연법 이론가

사무엘 푸펜도르프

사무엘 푸펜도르프는 중세 자연법 이론과 근대 자연법 이론, 국제법의 전환기에 중요한 인물이었습니다. 그는 자연 상태의 인간에게 존엄과 자유가 있다고 보았어요. 그의 책은 미국과 프랑스에서 혁명을 이끌었던 18세기 인물들에 의해 자주 인용되고 논의되었어요. 푸펜도르프는 개인과 국가 사이의 공정한 관계에 대한 기본 원리를 밝힌 것으로 가장 유명해요.

루터파 목사였던 아버지를 따라 푸펜도르프도 목사가 되려고 했답니다. 신학 공부를 위해 라이프치히 대학에 갔는데 거기에서 신학 대신 공법(公法)을 선택했지요. 예나 대학으로 옮겨 가서는 수학자 친구의 영향을 받아 데카르트, 홉스, 그로티우스의 책을 읽었다고 해요. 그 후 덴마크 코펜하겐의 스웨덴 대사 집안의 가정교사가 되었는데 스웨덴과 덴마크의 정치적 다툼에 휘말렸고, 푸펜도르프는 대사와 함께 한동안 감옥에 갇히기도 했어요. 이런 일을 겪으면서도 그는 그로티우스와 홉스에게 영감을 받아 보편적 법체계를 구상했답니다. 그리고 감옥에서 풀려난 뒤 1661년에 『보편적 법학 원리』라는 책을 출판했어요.

이 책은 널리 호평을 받았답니다. 하이델베르크 대학에 그를 위한 자리가 마련되었고, 이후 북유럽 곳곳의 대학과 왕실에서 직책을 맡

푸펜도르프는 국제법이 기독교 국가들뿐 아니라 전 세계로 퍼져 나가야 한다고 주장했다.

Samuel
Pufendorf

출생 1632년,
독일 작센 도르프켐미츠
업적 근대 초기 영향력 있
는 자연법·국제법 이론가
사망 1694년, 독일 베를린

앉어요. 그는 계속해서 법학과 정치 이론, 교회와 국가의 관계에 관한 책들을 내놓았답니다.

푸펜도르프는 개인과 국가 사이의 공정한 관계에 대해 기본 원리를 밝힌 것으로 가장 유명하지요. 그의 이론에 의하면 인간 관계에서 권리와 의무는 본성상 타고난 것이어서 법에 의존할 필요가 없을 뿐 아니라 교회 당국이 공표해야 하는 것도 아니라고 생각했어요. 그는 자연 상태를 끊임없는 갈등의 상태로 본 홉스의 견해에 이의를 제기했어요. 왜냐하면 그는 자연 상태의 인간에게는 존엄과 자유가 있어서 평화로운 협동이 가능하다고 보았거든요.

이러한 견해를 바탕으로 푸펜도르프는 법의 원리가 국적을 불문하고 모든 사람과 국가 사이에, 심지어 전쟁 중에도 적용된다고 주장했어요. 그는 국제법과 근대 자연법 이론뿐 아니라 정의로운 전쟁론의 창시자라고 할 수 있답니다.

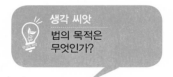

생각 씨앗

법의 목적은
무엇인가?

**유용성의
원리**   제러미 벤담

> 제러미 벤담은 영국과 영연방 법의 발전에 기여했어요. 그리고 미국의 경제
> 사상과 정책에도 대단한 영향을 미쳤지요. 공리주의자인 그는 법의 유용성
> 을 주장했고 '최대 다수의 최대 행복'을 위해 법이 만들어져야 한다고 생각했
> 어요. 문제는 '최대 행복'과 '최대 다수'가 충돌할 수 있다는 거였지요. 벤담은
> '최대 행복'을 선택했고, 이것은 많은 논쟁을 불러일으켰어요.

벤담은 엄격한 법률가 집안에서 태어났어요. 열두 살
에 옥스퍼드의 퀸스 칼리지에 들어갔고 1769년에
는 변호사가 되었지요. 하지만 변호사로 일하
는 대신 법의 기초를 연구하고 법을 개혁하는
길을 걸었어요. 벤담은 전 생애에 걸쳐 놀라울
정도로 다양한 주제의 글을 썼어요. 그의 책은 대
부분 사후에 출판되었지요. 그는 베카리아와 디드로, 볼테르
등 계몽 사상가들의 책으로 교육을 받았는데, 그들의 합리주의 정신
에 비해 영국 보통법은 너무나 복잡하고 비합리적이라고 생각했답니
다. 그래서 벤담은 재판관의 판결에 의존하는 보통법 방식을 세련된
법전으로 대체하고자 했어요.

벤담은 통치자가 만드는 법만이 진정한 법이라고 생각했어요. 그래
서 자연법과 인간의 권리라는 개념을 터무니없다고 여겼지요. 우리가

가진 권리는 오로지 정치적 권위자가 우리에게
부여한 것이라고 주장해서 악명이 높았어요.

Jeremy Bentham

출생 1748년, 영국 런던
업적 근대 초기의 공리주
의자, 법실증주의자
사망 1832년, 영국 런던

　법이 전적으로 사전에 만들어져야 하고, 그
설계 목적이 기본적인 인간의 권리에 대한 것
이 아니라면 법 조항을 결정할 때 어떤 점을 고
려해야 하는지 의문이 들 거예요. 여기서 벤담은 유용성의 원리를 내
놓았어요. 법은 '최대 다수의 최대 행복'을 목적으로 만들어야 한다
는 것이지요.

　그런데 '최대 행복'과 '최대 다수'가 충돌할 수 있음을 발견하자 벤
담은 '최대 행복'을 선택했어요. 그리고 행복을 수량적으로 산출하려
고 시도했지요. 벤담은 유용성이나 복지, 부(富) 등 계량할 수 있는 것
을 최대화하는 방향으로 정책과 법을 적절히 유도해야 한다고 생각했
어요. 이러한 견해에 대해 비평가들의 의문과 비난이 이어졌어요. 그
럼에도 불구하고 벤담의 생각이 근대 경제 이론과 정책 분석에 막대
한 영향을 발휘했다는 것은 분명하답니다.

※**공리주의** '최대 다수의 최대 행복'을 추구하는 원칙. 여기서 '행복'은
고통이 없고 육체적인 즐거움이 있는 것을 말한다. 만약 두 가지 목적
이 갈등을 일으킨다면 공리주의자는 '최대 행복' 혹은 '최대 다수' 중
하나를 주요 목적으로 택해야 한다.

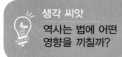
역사 법학의 창시자 프리드리히 카를 폰 사비니

프리드리히 카를 폰 사비니는 역사학파로 알려져 있는 독특한 법학 방법론을 개척했답니다. 역사 법학에서는 법을 역사적 관점에서 연구해요. 그래서 한 민족의 법을 공식화하기 전에 역사적 관점에서 다시 들여다보고 평가해야 한다고 생각하지요. 왜냐하면 그 민족의 기본 가치를 표현하기 위해서예요. 또 역사 법학은 법이 유기적으로 발전한다는 점에 주목한답니다.

사비니는 열여섯 살에 마르부르크 대학에 들어가 저명한 독일 법학자들에게 지도를 받았어요. 그는 예나와 라이프치히 등 여러 대학에서 공부했고, 1800년에 마르부르크로 돌아와 법학 박사 학위를 받았지요. 1803년에 출판된 그의 첫 번째 책은 로마 시대부터 현재까지 재산법에 관한 논문이었어요. 그 책으로 사비니는 유럽 법학자들 사이에서 빠르게 명성을 얻었지요.

1804년 브레타노와 결혼한 사비니는 유럽 곳곳을 여행하며 중세 시대 동안 유럽에서 효력을 발휘한 로마법에 대해 점점 더 많이 알게 되었어요. 얼마 후 사비니는 베를린 대학의 총장이 되었고, 심사위원회를 창설했어요. 심사위원회는 일반 법정에서 추천한 사건에 대해 조언하는 의견서를 내려 보내는 베를린 법학부 산하의 기관이었지요.

시대를 움직이는
힘

1814년에 사비니는 독일법의 성문화를 요구하는 목소리가 커지는 데 반대하여 『입법과 법학에 관한 우리 시대의 사명』을 출판했답니다. 이 책은 역사학파를 세우는 데 결정적인 영향을 미쳤어요. 역사 법학은 법을 역사적인 맥락에서 바라보는 입장이에요. 전통적인 자연법

Friedrich Carl von Savigny

출생 1779년, 독일 헤센 프랑크푸르트암마인
업적 역사학파를 주창
사망 1861년, 독일 프로이센 베를린

이론에 포함되어 있는 진리와 가치가 고정불변한 게 아니라고 여기지요. 사비니는 계속해서 『역사 법학 저널』과 『중세 로마법사』를 썼어요. 『중세 로마법사』는 단일한 유럽 보통법이 어떻게 각기 다른 민족의 보통법으로 갈라졌는지를 보여 주었지요. 또한 그 후 출판된 『현대 로마법 체계』는 당대의 법 원칙에서 발견되는 로마법을 집대성했어요.

사비니는 철학 법학과 역사 법학의 대가로서 꾸준히 명성을 떨쳤고 1842년에는 프로이센의 대법관으로 임명되었답니다. 그는 유럽의 법 원칙에 로마법 정신이 살아 있음을 이해하고 그것을 되살렸어요. 로마법 정신에 맞게 당대의 법을 개선한 거지요. 사비니는 역사적 사실에 대한 책임감이 예리한 철학적 해석과 결합할 때 법학이 어떤 결실을 맺을 수 있는지를 보여 주었답니다.

Law and Social Science
법과 사회 과학

{ 법 실재론자들은 법과 다른 현상과의 상호 작용에 주목했어요. 이렇게 법과 사회 과학이 만난 대표적인 예는 '법 경제학'이랍니다. 경제학의 원리를 법학에 접목시켜 새롭게 개척한 분야지요. 법 경제학에서는 법이 부의 창출에 미치는 영향을 중시했는데 실증적인 접근법과 규범적인 접근법이 있어요. 오늘날 법 경제학의 분야는 점점 더 넓어지고 있답니다. }

실증적인 법 경제 분석에서는 보통법이 낭비를 최소화하고 가치를 극대화하기 위해 존재한다고 보았어요. 이러한 분석은 흔히 1970년대 당시 교수이자 재판관이었던 리처드 포스너와 관련이 있지요. 그런데 이러한 관점은 이제 거의 받아들여지지 않아요.

한편 규범적인 법 경제 분석에서는 재판관이나 입법자의 목적과 맞지 않더라도 법은 부의 극대화를 정밀하게 다루어야 한다고 주장하지요. 사실 이건 실증적인 접근법의 '-이다'를 '-이어야 한다'로 바꾸었을 뿐이에요. 부의 극대화를 지지하는 관점은 둘 다 같아요.

실증적인 접근과 마찬가지로 규범적인 접근법도 리처드 포스너와 관련이 있고 법이 기여해야 하는 여러 가지 이익에 더 주목했지요. 하지만 규범적인 접근법도 그리 오래가지는 못했어요. 규범적 분석의 쇠퇴에 기여한 로널드 드워킨과 구이도 캘러브레지는 법 체제의 적절성을 평가할 때 결정적으로 중요한 것은 바로 '분배의 문제'라고 주장했답니다.

미국과 유럽에서는 법 경제학 전통 안에서 여전히 활발한 연구가 진행

**시대를 움직이는
힘**

되고 있어요. 그리고 법 경제학의 범위는 점점 넓어지고 있지요. 최근에는 '행동과학주의' 법 경제학의 대중화가 두드러지고 있는데, 이것은 법학계의 거두 카스 선스타인의 영향 때문이랍니다. 행동과학주의에서는 조직을 이루는 구성원들의 능력을 최대한 발휘할 수 있게 하는 요인을 연구해요. 경영자와 직원의 의사소통이라든지, 태도, 동기 유발 요인 같은 것들을 다루지요.

또 다른 예로는 '경험주의 법학 연구'가 있는데, 코넬 대학교 로스쿨과 오랜 관련이 있는 법학파가 주도하고 있어요. 이들은 자료의 상관관계를 분석하고 세련된 통계 방법론을 써서 법의 영향을 추적한답니다. 그래서 법이 부에 미치는 영향뿐 아니라 여러 가지 법과 관련된 사회적 문제들을 이해하고 대안을 찾을 수 있게 도와주지요.

경험주의 법 연구는 최근에 전 세계 법학계로 퍼져 나갔어요. 이 분야 전문가로 꼽히는 사람들 중에는 법률가나 경제학자뿐 아니라, 사회학자, 정치 과학자, 심리학자도 있답니다.

법 경제학의 발전은 현실주의자들의 법 접근 방식에서 비롯되었어요. 이들은 법학과 사회 과학이 만나는 지점에서 꾸준히 질문을 던진 사람들이지요. 법과 경제는 사회의 기본 구조를 이루고 있기 때문에 경제에서 중시하는 효율과 법의 정의가 만나 새로운 규칙을 찾아가는 것은 큰 의미가 있답니다.

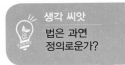
생각 씨앗

법은 과연
정의로운가?

분석 법학의
선구자

존 오스틴

철저한 법철학과 법학 연구를 통해 존 오스틴은 서로 연관이 있는 두 가지 현대 법 사상에서 분석 법학과 법실증주의를 발전시켰어요. 오스틴의 견해에는 다음과 같은 명제가 있어요. '법은 주권자가 지시하고 강제하는 명령이며, 주권자는 습관적으로 복종을 받을 뿐이다.' 그의 견해는 법을 정의 그 자체로 보는 영국 보통법의 전통적인 이해와는 상당히 달랐답니다.

영국 서퍽의 상인 집안에서 태어난 오스틴은 젊은 시절에 말타와 시실리에서 군인으로 복역하다가 법 공부를 시작했어요. 그는 1818년에 변호사가 되었고 7년 후 현재의 런던 대학인 유니버시티 칼리지 법학과의 학과장이 되었지요. 이때 그 자리를 마련해 주기 위해 벤담이 애썼다고 해요. 오스틴은 1832년까지 그곳에서 강의를 했는데, 강의 기록 일부가 1832년에 『법리학의 범역』이라는 제목으로 출판되었고 오스틴의 대표 저서가 되었답니다.

이 책에서 제기된 것 중 특히 두 가지 특징에 주목해야 하는데, 첫째는 분석의 방향성이에요. 그때까지 대개 법률가들은 법을 도덕적, 문화적, 정치적, 경제적 제도와 규범의 집합으로 이해했어요. 즉, 법은 공동체 내 인간의 삶에서 보편적으로 마주치는 특성이라고 보았지요. 반면 오스틴이 개척한 분석 법학에서는 법 개념 자체를 논리적으로 파헤치는 데 중점을 두었어요. 그래서 먼저 법을 다른 분야로부터 분리했지요. 그다음에 법의 개념과 법과 도덕의 관계, 국가의 개념, 권리와 의무의 개념 등을 본질적으로 설명하기 위해 노력했어요. 벤담의 이론을 계승한 오스틴은 도덕이나 자연법과 구별되는 새로운 법이론의 체계를 만들었어요. 그리고 법체계에 포함된 여러 원리나 개념들을 객관적으로 분석했지요. 뒷날 허버트 하트 같은 근대 법학자들이 그를 따랐고 분석 법학은 역사법학과 더불어 근대 영국의 양대 법학 사조가 되었답니다.

『법리학의 범역』에서 제기된 두 번째 특징은 근대의 법실증주의였어요. 그 핵심은 "법의 존재와 그 장단점은 별개다."라는 오스틴의 말에서도 짐작해 볼 수 있답니다. 법실증주의는 오직 국가가 제정한 실정법만을 법으로 인정해요. 윤리적 문제와 상관없이 오직 법 자체만을 독립적이고 논리적으로 다루지요.

근대 국가가 확립되어 가던 19세기는 법학에서도 이렇게 근대적 법체계가 잡혀 가는 시기였어요. 오스틴은 분석 법학과 법실증주의라는 주목할 만한 유산을 남기면서 법 이론의 체계화를 시도했다는 점에서 높이 평가받는답니다.

John Austin

출생 1790년, 영국 서퍽
업적 분석법학과 법실증주의를 발전시킴
사망 1859년, 영국 런던

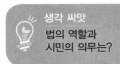
법의 사회적 실용성을 중시한

루돌프 폰 예링

19세기 후반의 루돌프 폰 예링은 19세기 전반의 사비니와 함께 법의 역사에서 양대 산맥으로 여겨집니다. 예링은 역사를 강조한 사비니의 방식에 반대했고, 법 원칙의 해석에서 도덕·철학적 접근법을 개척했답니다. 그는 목적에 의해 법이 창조되며, 그 목적은 개인의 이익이라는 주장을 펼쳤어요. 그가 중시한 법의 사회적 실용성은 각국의 법학자들에게 깊은 인상을 남겼답니다.

예링은 1836년 하이델베르크에서 시작해 괴팅겐, 뮌헨, 베를린에서 공부를 했어요. 1844년에 법학 박사 학위를 받은 예링은 베를린에서 로마법 정신에 대해 강의했답니다. 이후 그는 바젤 대학, 로스토크 대학, 킬 대학을 거쳐 기센 대학의 법학 교수가 되었지요.

예링은 사비니의 '역사 법학'에 도전장을 내밀고 '자연 법학'이라는 새로운 접근법을 시도했답니다. '자연 법학'이란 법을 현대적이고 과학적인 방식으로 체계화한 것으로 법이 사회를 더욱 공정하게 만드는 수단이라고 보았어요. 예링의 법학 정신이 정통으로 표현된 것은 『로마법의 정신』이랍니다. 그 당시 법학자들은 법의 본질과 기능을 설명하고 발전시키기 위해 로마법을 이용했어요. 기념비적인 이 책으로 그는 독일의 로마법 해석에서 선두를 차지하게 되었지요.

1868년에 예링은 빈 대학의 로마법 교수직을 받아들였어요. 그곳에서의 강연에는 학생들뿐 아니라 오스트리아의 문화, 과학, 정치 분야 여러 인사들이 참석했어요. 프란츠 요제프 1세 황제는 1872년에 예링에게 귀족 칭호까지 내렸다고 해요.

예링의 빈 강연 중 하나는 『권리를 위한 투쟁』이라는 책으로 묶여 출간되어 주목을 받았어요. 1872년에 발표된 이 책은 2년도 안 되어 12판이 출판되었고, 20개가 넘는 언어로 번역되었답니다. 얼마 후 예링은 『법의 목적』을 발표했어요. 이 두 책에서 예링은 정의와 개인의 권리를 주장했고, 그것을 정당화하기 위한 법의 역할과 시민의 의무에 대해 아주 인상적으로 설명했답니다.

예링이 어려운 법리만 다룬 것은 아니었어요. 가장 인기를 누린 그의 책 중 하나는 1870년에 발표된 『일상의 법학』이었어요. 예링은 평범한 것에 끊임없이 관심을 기울이는 아주 정열적인 사람이었다고 해요. 그는 1892년에 74세로 자신이 사랑했던 괴팅겐에서 세상을 떠났어요.

Rudolf von
Jhering

출생 1818년,
독일 아우리히
업적 사비니의 역사학파
에 맞서 새로운 접근법을
선보임
사망 1892년,
프로이센 괴팅겐

Legal Formalism, Legal Realism, and Critical Legal Studies

법 형식주의와 법 현실주의

> 사람들은 대개 소송 결과를 어쩔 수 없이 받아들이곤 합니다. 그런데 법 이론가들 사이에 오래된 논쟁거리 중 하나가 법이 얼마나 자치적이며 공정한 원칙과 추론 방법을 갖고 있는가 하는 문제예요. 법 형식주의에서는 법이 자치적이며, 미리 정해진 원칙에 따라 결과가 나온다고 생각하지요. 이에 대한 비판으로 등장한 것이 법 현실주의와 비판 법학 운동이랍니다.

역사적으로 법을 자치적이라고 생각한 사람들은 법 연구를 일종의 순수 과학으로, 소송 판결은 응용 과학으로 보았답니다. 소송 결과란 미리 정해진 원칙을 따르는 것이라고 생각한 것이지요. 즉, 개념과 조건을 갖춘 법이 있고 그 법을 적용할 사실 모형이 주어지면 재판관이 법을 사실에 정확하게 적용한다는 전제 아래 어떤 판결을 내릴지 미리 알 수 있다는 말이에요. 법의 형식이 사건을 결정한다고 해서 이런 입장에 선 사람들을 '법 형식주의자'라고 부른답니다.

법 형식주의는 법을 법의 정신과 구분하여 문자 그대로의 뜻으로 이해했다고 할 수 있어요. 실제로 고대 중국의 한비자와 율법주의자들은 엄격하게 문자 그대로의 법을 지지했어요. 그러나 법의 문자에만 집착하면 법의 정신을 소홀히 하기 쉽지요.

한비자와 율법주의 학파는 묵자와 그 추종자들에게 크게 비판을 받

**시대를 움직이는
힘**

았답니다. 묵자는 나라를 다스리는 진정한 원리는 배려와 우주와 조화를 이루려는 공정함, 그리고 형제애에 있다고 보았어요. 법 해석에도 이와 같은 원리가 적용되어야 한다는 것이지요. 현대에 와서 가장 잘 알려진 법 형식주의 비판으로는 1920년대부터 1940년대까지 현실주의 법학과 사회 법학 운동, 그리고 1970년대부터 1990년대까지 이어진 비판 법학 운동이 있답니다.

비판 법학 연구자들은 재판관들의 법 해석이나 적용에 대해서는 상대적으로 관심이 적었어요. 대신 좋은 정책이나 법 원칙이 사회 계층의 이익에 어떻게 도움을 줄 수 있는지에 주목했답니다. 또한 법의 본질에 정치가 있다고 생각했기 때문에 법을 둘러싸고 있는 이데올로기에 관심을 기울였어요. 비판 법학은 기존 법학에 대한 비판에서 출발해 포스트모더니즘이나 페미니즘과 결합하는 등 다양한 모습으로 전개되었어요.

법 현실주의는 사법 판결의 모순을 드러내는 데 중점을 두었어요. 이들이 보기에 재판관들은 법적으로 유사한 상황에 똑같은 규칙과 원리, 추론을 적용한다고 주장하지만 자주 반대되는 결론에 도달했거든요. 법적으로는 부적절한 결과였지만 정치적인 요소를 고려할 때는 이해될 수 있었지요. 이들은 법과 인간, 그리고 이들을 둘러싼 사회적 환경에 대해 깊이 생각했고, 재판에서도 서로 간의 갈등을 다각도로 파악하고자 노력했답니다. 법 현실주의는 20세기 내내 영국과 미국의 법 사상에 매우 중요한 영향을 미쳤어요.

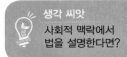
법 현실주의의 선두 주자
올리버 웬들 홈스 2세

> 19세기는 사회 과학이 발전하는 시기였고 법을 사회적 맥락에서 설명하기 위한 여러 가지 시도들이 있었답니다. 올리버 웬들 홈스도 그중 한 사람이었지요. 그는 역사 법학, 법실증주의의 맥락을 잇는 법 현실주의의 선두 주자였어요. 실용주의를 법 해석에 적용한 홈스는 인상적인 외모뿐만 아니라 권위가 느껴지는 말과 글로 더욱 상징적인 인물이 되었답니다.

홈스는 1841년에 저명한 보스턴 가문에서 태어났어요. 아버지는 유명한 의사이자 작가였고, 어머니도 유명한 노예해방론자였답니다. 어려서부터 홈스는 자기 의견을 거침없이 말했다고 해요. 남북 전쟁이 일어나자 그는 북부군으로 참전했어요. 이때의 경험은 그에게 여러 가지로 영향을 남겼는데, 특히 정부와 법이 폭력에 뿌리를 두고 있다고 생각하게 된 것 같아요. 법에 관한 그의 관점은 여러 면에서 실증주의 성향을 띠게 되었지요.

전쟁 후 홈스는 하버드로 돌아가 법을 공부했고, 1866년에 변호사가 되었어요. 변호사로 일하면서 시간을 내어 역사 법학 연구도 열심히 했지요. 그는 런던에서 몇 년을 지냈는데, 그의 친구들 중에는 나중에 영국에서 사회 법학의 체계를 세운 사람도 있었답니다. 역사 법학은 미국의 법 현실주의에 영감을 주었어요.

    1881년에 발표된 홈스의 논문『보통법』은 법학자들 사이에서 지금까지 널리 읽히며 논의되고 있어요. 이 책에서는 사법 판결의 기초로서 실용적 도구주의를 내세웠는데, 이는 법 현실주의 학파의 등장을 예고하는 것이었지요.

    『보통법』출판 이듬해에 홈스는 하버드대 법학 교수와 매사추세츠주 최고 법원의 재판관으로 임명되었어요. 그는 재판관으로서 두각을 나타냈는데, 노동권의 인식으로 유명한 계약법과 표현의 자유에 관해 유명한 판례를 남겼지요. 그는 인간 행동의 특성이 상황에 따라 달라진다고 생각했어요. 아무리 표현의 자유가 보호받고 있다고 해도 명백한 위험이 있는 상황이라면 절대적인 자유가 될 수 없다는 것이지요.

    1902년 홈스는 미국 연방 대법관에 임명되었고, 첫 수정 헌법의 자유 발언권과 연방 정부의 경제 규제 권한을 지지했어요. 하지만 홈스는 정의의 수호자나 진보주의자는 결코 아니었어요. 그는 자연법을 폄하하기도 했고, 버지니아 강제 불임법을 옹호하기도 했거든요. 그럼에도 불구하고 연방대법원 시절에 홈스가 한 대중 강연 '법의 길'은 1920년대 진보적인 법 현실주의자들에게 선언문과 같은 것이 되었답니다.

Oliver Wendell
Holmes Jr.

출생 1841년, 미국 보스턴
업적 영향력 있는 미국의
법 이론가
사망 1935년, 워싱턴 DC

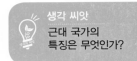

생각 씨앗
근대 국가의
특징은 무엇인가?

| 근대 국가 |
| 사회 이론가 |

막스 베버

막스 베버는 법률가였을 뿐만 아니라 광범위한 분야를 다룬 사회 이론가였어요. 그는 근대 국가의 행정 체계에 대한 연구를 했고, 근대 사회학의 창시자이기도 했지요. 베버는 법, 경제, 사회, 문화 요인들을 결합하여 종합적인 사회 이론을 개발했고, 이는 20세기 중반 이후 전 세계 법학계에서 유행하게 된 '학제간 연구'의 모범이 되었답니다.

베버는 정치, 문화적으로 명성을 날리던 집안의 장남으로 태어났어요. 여러 저명한 인사들이 베버의 집을 드나들었지요. 집안의 지성적인 분위기에서 그는 어렸을 때부터 역사, 철학, 문화 등을 주제로 엄청나게 많은 글을 읽고, 썼어요.

1882년에 베버는 법을 공부하기 위해 하이델베르크 대학에 들어갔어요. 그는 법뿐만 아니라 신학, 철학, 역사, 경제학 등의 수업도 들었답니다. 1884년 베를린의 대학으로 옮겼는데 당시 베를린은 유럽의 지성인들이 모이는 문화의 중심이었지요.

1893년에 베버는 마리안 슈니트거와 결혼했는데 그녀는 나중에 저명한 페미니스트 작가가 되었어요. 이듬해에 베버는 프라이부르크 대학의 경제학 교수가 되었고, 2년 후에는 하이델베르크 대학으로 옮

시대를 움직이는
힘

겨 갔지요.

세기가 바뀔 무렵 베버는 「사회 과학과 사회 정책 학술지」의 편집장직을 맡았어요. 그리고 1904년에는 가장 잘 알려져 있는 『개신교 윤리와 자본주의 정신』을 출판했지요. 법과 경제 체계에서 종교나 다른 문화적 요인의 역할을 밝힌 이 책은 지금도 많은 사람들이 인용하곤 한답니다. 영향력 있는 베버의 책 중 상당수는 베버가 죽은 후에 출판되었어요.

Max Weber

출생 1864년,
프로이센 에르푸르트
업적 법과 사회, 문화, 경제
요인의 상호작용을 연구
사망 1920년, 독일 뮌헨

그가 개발한 이론 중 하나는 근대 국가와 합리적인 관료주의에 대한 것이었어요. 그는 근대 국가의 특징이 전문가와 기술 관료를 중심으로 운영되는 행정 기관에 있다고 주장했지요. 이는 현대의 행정법과 행정 절차의 기본으로 밝혀졌답니다.

제1차 세계대전이 일어나기 직전, 베버는 독일 정치에 관여했어요. 전쟁이 진행되는 동안 그는 전후 계획을 수립하는 독일 정부의 여러 위원회에서 일했답니다. 전쟁이 끝나자 베르사유 조약 협상에서 독일 대표로 활약했으며, 전후 독일의 바이마르 헌법 설계에도 관여했지요. 안타깝게도 그는 1920년에 스페인 독감에 걸려 세상을 떠났답니다.

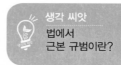

탁월한 법 이론가

한스 켈젠

{ 한스 켈젠은 아마 다른 어떤 법학자보다도 현실 법 제도에 가장 큰 영향을 미쳤을 거예요. 법실증주의 입장에서 그는 입법 내용이 국가의 기본법과 일치하는지를 검토하는 위헌 법률 심사 원칙을 발전시켰어요. 또한 국제법에 정통했던 그는 유엔과 같은 국제 기관의 필요성에 대해서도 구상했지요. 무엇보다 법학 분야의 다음 세대를 가르치는 일에 열심이었답니다. }

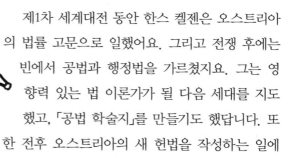

제1차 세계대전 동안 한스 켈젠은 오스트리아의 법률 고문으로 일했어요. 그리고 전쟁 후에는 빈에서 공법과 행정법을 가르쳤지요. 그는 영향력 있는 법 이론가가 될 다음 세대를 지도했고, 「공법 학술지」를 만들기도 했답니다. 또한 전후 오스트리아의 새 헌법을 작성하는 일에도 참여했어요. 그리고 1921년에 오스트리아 헌법 재판소에 종신직으로 임명되었답니다.

1920년 후반의 오스트리아는 우파 정당의 득세와 전쟁으로 들끓었어요. 헌법 재판소가 내린 결정 몇 가지가 보수파의 분노를 자극했고 그 때문에 켈젠은 1930년에 헌법 재판소에서 쫓겨났지요. 그는 독일 쾰른 대학의 교수직 제안을 받아들였고, 그곳에서 국제 실정법 연구에 집중하기 시작했어요. 하지만 국가 사회주의자들이 집권하자 그 자리도 오래 지속되지 못했답니다.

1933년 켈젠은 제네바로 가서 국제법에 관해 저술하고 가르쳤어요. 그다음 해에는 그의 유명한 논문인 『순수법 이론』이 출판됐답니다. 1940년에 그는 미국으로 갔고 하버드 로스쿨에서 연구 교수로 머물다가 1945년부터 1952년에 퇴임할 때까지 캘리포니아 대학의 교수로 재직했어요. 이 시기에는 법 이론과 국제법에 관한 책들을 출판했지요. 또 워싱턴 DC에서 유엔 전쟁 범죄 조사 위원회의 법 고문으로 일하면서 1945년의 뉘른베르크 재판 준비를 돕기도 했답니다.

켈젠이 조심스럽게 제시한 법실증주의 입장은 현대의 법철학자 사이에서 특히 영향력이 컸어요. 그 중심에는 법의 모든 특성들의 바탕이 되는 '근본 규범'이라는 개념이 있었지요. 입헌주의에 대해 켈젠이 제안한 심사 모형은 당시 유럽에서 결정적이었어요. 이 모형에 따르면 독립적인 헌법 재판소를 설립하여 입법이 과연 국가 조직의 기본 법률과 일치하는지를 심사한답니다. 이것은 오늘날 위헌 법률 심사의 모형이 되었지요. 참고로 보통법에서는 다른 법적 분쟁과 마찬가지로 일반 법원에서 위헌 문제를 다룬다고 해요.

Hans Kelsen

출생 1881년, 오스트리아-헝가리 프라하
업적 법실증주의와 위헌 법률심사 원칙을 발전시킴
사망 1973년, 미국 캘리포니아

Justice, Law, and Equity

형평법

{ 법을 적용하는 과정에서는 종종 법의 문구와 법의 정신이 꼭 들어맞지 않을 때가 있어요. 이것을 '불일치'의 문제라고 합니다. 이상적으로는 그런 불일치가 일어나면 안 되지만 애초에 법이 만들어질 때의 상황이나 배경이 그 법 안에 스며들어 있게 되고, 그래서 때때로 법규의 입안이 부적절했다거나 입안자가 예상치 못한 문제 조항이 드러나기도 한답니다. }

역사적으로 형평법 제도는 영국의 관행에서 비롯되었어요. 영국에는 보통법이 있었는데 일반적이고 전형적인 사건만 다루었기 때문에 보통법이라고 불렀지요. 그런데 보통법은 변화가 느렸고 유연하지 못했어요. 특수한 사건은 보통법으로 해결할 수 없었고, 법의 문구와 정신이 일치하지 못하는 경우가 많았지요. 그러한 경우에 청원자는 왕이 개입해 줄 것을 요구했고, 왕은 대법관을 통해 동의를 했어요. 대법관은 근대에 이르기까지 교회법과 로마법 전통에 따라 교육을 받은 성직자였어요. 교회법과 로마법은 굳건한 정의의 원칙을 자랑했고, 이 법에 표현된 공정한 원칙에 따라 대법관청은 보통법이 내린 판결을 뒤집을 수 있었답니다. 사건의 특수성을 고려하여 형평에 맞게 사건을 해결한다고 해서 형평법이라고 부르게 된 것이지요. 그런데 때때로 독립적이어야 할 대법관청이 군주나 행정권과 결탁함에 따라 권력 분립에 의혹이 생기기도 했어요. 그래서 독립적인 형평법 법원이 보통법 법원과 마찬가지로 사법부 내에 실질적으로 자리를 잡게 되었답니다.

법의 문구와 정신의 불일치의 문제는 잘못된 판결로 이어지거나 의도하지 않은 결과를 불러올 수도 있어요. 따라서 법의 정당성을 입증해야 하는 법원은 단순한 법의 문구보다는 숨어 있는 정신이나 실질적인 의도를 살펴봐야 한답니다. 이것을 전문 용어로 '형평'이라고 부르게 된 것입니다. '형평'은 '공정함'이라든지 '정의'와 같은 개념의 연장선에 있어요. 형평이 적용되기 위해서는 법의 정신이 정의를 행한다는 전제가 필요하지요.

형평법의 의의는 두 가지로 생각할 수 있어요. 우선 '형평'이라는 개념이 법률 용어로 자리 잡았지요. 즉, '형평'이라는 단어는 오해될 수도 있는 입안 당시의 문구를 엄격하게 적용하는 대신 법 조항의 목적을 파악하고자 하는 것을 의미해요. 둘째로 많은 원칙과 절차가 형평법 법원에서 발전했고, 보통법의 근대화에 기여했을 뿐만 아니라 오늘날 일반 법원에 계속해서 영향을 준다는 점이랍니다.

오늘날 사회가 복잡하게 발전하고 다양해지면서 일반적인 사건과 특수한 사건을 구별하는 것은 힘들어졌어요. 보통법과 형평법의 경계가 애매해지면서 일부에서는 통합이 진행되었지요. 하지만 지금도 미국의 일부 주에서는 사법부 내에 형평법 법원을 분리해서 유지하고 있고, 영국의 법인법, 가족법, 유언법은 대부분 형평법체계에서 나왔답니다.

※유언법 유언장, 신탁, 상속에 관한 법

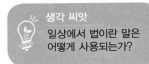

생각 씨앗
일상에서 법이란 말은
어떻게 사용되는가?

대표적인 법실증주의자

허버트 L. A. 하트

> 허버트 하트는 법실증주의와 법철학을 발전시킨 대표적인 인물이랍니다. 그는 '일상 언어 철학'을 시도했어요. 이것은 어떤 철학적 주제가 명료해지기 위해서는 일상 언어가 사용되는 자연적인 상황에서 어떻게 그 분야의 용어가 선택되고 사용되는지를 살펴봐야 한다는 것이지요. 하트가 주목한 용어는 '법', '규칙', '표준', '의무'와 같은 단어들이었어요.

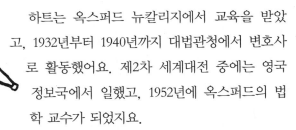

하트는 옥스퍼드 뉴칼리지에서 교육을 받았고, 1932년부터 1940년까지 대법관청에서 변호사로 활동했어요. 제2차 세계대전 중에는 영국 정보국에서 일했고, 1952년에 옥스퍼드의 법학 교수가 되었지요.

가장 유명한 하트의 저서 『법의 개념』(1961)의 제목은 의도적으로 길버트 라일의 『마음의 개념』(1949)을 따른 것이었어요. 『마음의 개념』은 옥스퍼드의 '일상 언어 철학' 전통의 초기 정통파 작품이었어요. 일상 언어 철학이란 어떤 철학적 주제가 명료해지기 위해서는 일상 언어가 사용되는 자연적인 상황에서 어떻게 그 분야의 용어가 선택되고 사용되는지를 살펴봐야 한다는 것이랍니다.

영국의 법철학자 제러미 벤담과 존 오스틴의 초기 법실증주의에 따

96

시대를 움직이는 힘

르면, 법은 관습적으로 통치자가 내리는 것으로 통치자가 가진 힘과 때로는 위협으로 뒷받침되는 명령이라고 할 수 있었어요. 하트는 이러한 법실증주의를 새롭고 정교하게 발전시키기 위해 노력했어요. 우선 법의 실증주의적 이해를 발전시키기 위해 어떻게 법 규범이 만들어지고 강화되는지를 여러 측면에서 살펴보았지요. 그래서 곳곳에 스며들어 있는 법의 다양한 모습과 그 작용을 보여 주었어요. 하트는 법의 실질적인 작용에 관한 자신의 연구를 일컬어 '서술하는 사회학 활동'이라고 불렀답니다.

하트가 실증주의 법학을 다듬은 두 번째 방식은 '1차 규칙'과 '2차 규칙'을 구분해 부른 것이었어요. 1차 규칙은 사회에서 사람들의 행동을 지배하는 규칙이에요. 그리고 2차 규칙은 1차 규칙의 공표, 개정, 폐지를 다스리는 규칙이었어요. 잘 발달된 법체계에서는 늘 두 가지 법 형태가 함께 존재한다는 것이 그의 주장이었지요. 2차 규칙은 하트의 '인식 규칙' 개념과도 관련이 있었어요. 인식 규칙에 비추어 보면 어떤 1차 규칙이 법으로 강제력을 발휘하는지를 확인할 수 있었지요. 조금 복잡해 보이지만 하트는 분석 철학의 방법을 법에 도입해서 분석 법학을 시도한 것이랍니다. 이것은 규범을 정하고 행하는 다른 여러 체제에 대한 연구에도 이용되었어요. 하트는 규범 체계, 특히 법과 유사한 기능을 하는 윤리에 대해서도 특별히 관심을 가졌답니다.

Herbert Lionel
Adolphus Hart

출생 1907년, 영국 첼트넘
업적 분석 법학을 도입
사망 1992년,
영국 옥스퍼드

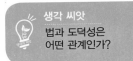
법의 도덕성을 설명

론 L. 풀러

당대의 법실증주의 분야에 하트가 있었다면 자연법 이론 분야에는 론 L. 풀러가 있었답니다. 풀러는 수십 년 동안 하버드 대학의 법학 교수로 있으면서 법학계의 영향력 있는 인사들을 많이 길러 냈어요. 특히 그는 계약법에 큰 공헌을 했고, 무엇보다 『법의 도덕성』과 『하버드 법 리뷰』에서 하트와 유명한 논쟁을 벌였답니다.

19세기 후반과 20세기 초반, 영미권 법학계에서 자연법 방식의 접근은 이미 구식이었어요. 법에 대해 철학적으로 사색한다는 것 자체가 드문 일이 되었지요. 그런데 하트의 『법의 개념』은 전환점이 되었고 법철학에 다시 활기를 불어넣었어요. 그리고 법에 대한 실증주의적 접근법을 강력하게 다시 제시했지요. 그런데 몇 해 뒤 풀러가 『법의 도덕성』으로 하트와 맞서게 되었답니다.

풀러는 잠재적인 법 조항이 실제로 법으로 인식되려면 형태나 절차에서 일정한 기준을 충족해야 한다고 생각했어요. 예를 들면 일관성이 있어야 하고, 효과를 기대할 수 있어야 했지요. 이러한 기준은 법치주의와도 관련이 있어요. 즉, 법은 사람들로 하여금 그들의 삶을 계획하고 그에 따라 살게 한다는 점에서 대단히 중요해요. 그런데 법을 특징짓는 상세한 기준을 알게 된다면 자연히 법에 포함되어 있는 도덕성이 설명된다고 풀러는 주장했어요. 만약 이런 기준에 모순되는 법 조항이 있다면 사람들은 그것을 부당하게 여기고 거부할 거예요.

하트는 풀러가 도덕성을 효능과 혼동했다고 주장했어요. 심지어 혐오스러운 법도 풀러의 기준을 충족하는 법으로 만들 수 있다고까지 했지요. 풀러는 여기에 치밀하게 답변하지는 않았어요. 그는 법체계를 효과적으로 만드는 특성들이 법을 도덕적으로 만들지는 못한다는 것을 알고 있었어요. 풀러는 하트에게 이런 식으로 응수할 수도 있었을 거예요. "법이 절차상 정당하더라도 실질적으로 비도덕적일 수 있다. 하지만 정당한 법체계는 최소한 절차적 의미에서는 도덕적이다." 법체계는 비도덕적일 수 있고 그래서 무효라는 혐의를 받을 수 있어요. 이런 방식의 연구는 풀러와 하트의 공동 제자였던 드워킨과, 존 피니스 같은 새로운 자연법 이론가들에 의해 이어졌답니다.

"완벽은 도달하기 어려운 목표인 반면, 명백하게 예의 바르지 못한 것은 알아차리기가 어렵지 않다."

－론 L. 풀러 『법의 도덕성』

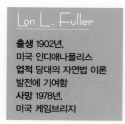

Lon L. Fuller

출생 1902년,
미국 인디애나폴리스
업적 당대의 자연법 이론
발전에 기여함
사망 1978년,
미국 케임브리지

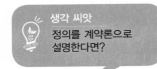

정의를 설명한 정치 철학자 존 롤스

> 존 롤스는 법률가는 아니었지만 정치 철학자로서의 뛰어난 업적 때문에 법학 분야에서도 자주 언급된답니다. 롤스는 정의를 계약론으로 설명했어요. 그의 주장에 문제를 제기하는 정치 사상가도 많았지만 롤스가 계약론 전통을 되살리고 기본권을 바탕으로 정의를 이해하려고 한 시도는 높이 평가받고 있지요. 롤스가 개척한 새로운 분야는 공리주의를 대체하게 되었답니다.

롤스는 1943년에 미국 프린스턴 대학에서 학사 학위를 받고 제2차 세계대전 때 미국군으로 참전했어요. 그런데 1945년 직접 목격한 히로시마 폭격의 후유증이 그의 일생에 큰 영향을 주었답니다. 롤스는 1946년 프린스턴으로 돌아가 철학 박사 학위를 받고, 풀브라이트 장학금을 받아 옥스퍼드의 크라이스트처치 칼리지에서 공부했지요. 그곳에서 그는 이사야 벌린과 허버트 하트의 영향을 많이 받았어요.

미국으로 돌아온 롤스는 코넬 대학교와 매사추세츠 공과대학(MIT)을 거쳐 하버드 대학의 교수가 되었지요. 롤스는 남은 생애의 대부분을 그곳에서 학생들을 가르쳤어요. 그는 당대의 법철학, 도덕 철학, 정치 철학 분야의 선두 주자가 될 많은 제자들을 길러 냈지요.

롤스는 『정의론』(1971)이라는 책으로 유명해요. 이 책에서 그는 정

치적, 경제적 정의를 계약론으로 설명했는데 이
는 오랫동안 지배적이었던 공리주의에 반대되
는 것이었어요. 공리주의는 어려운 문제를 해
결할 때 여러 대안 중에 최선의 결과가 기대되
는 것을 선택하도록 했어요. 그런데 롤스는 이

John Rawls
출생 1921년.
미국 볼티모어
업적 20세기의 영향력 있는
사법 이론가, 정치 철학자
사망 2002년. 미국 렉싱턴

러한 방식이 인간의 기본권을 침해할 수 있는 전체주의적인 특성을 갖
고 있다고 생각했어요.

롤스는 '무지의 베일' 뒤에서 내리는 판결에 대해 생각했어요. 그는
베일 뒤의 행위자가 두 가지 기본 원칙을 갖고 있다고 주장했어요. 첫
째는 자유 우선 원칙이에요. 이 원칙에 의해 기본적인 시민권과 참정
권이 물질적 안락함과 타협하지 않을 거예요. 둘째는 차등의 원칙이
에요. 물질적 불평등은 최악의 조건을 개선하는 정도까지만 허용된다
는 것이지요. 롤스의 『정의론』은 오늘날까지 인간의 기본권을 지키는
중심 사상이 되고 있답니다.

롤스의 또 다른 책들 중에는 세계 정의를 온건하게 진술한 『만민
법』이 있어요. 이것은 국제법에 포함될 정도로 많이 인용되고 있지요.
또 『정치적 자유주의』에서는 공공선을 향한 사회 구성원 모두의 '공적
이성'이라는 개념을 제시했답니다.

※**계약론** 정부의 합법적인 권한은 피통치자의 합의에서 나와야 하며,
그 합의의 형태와 내용은 '계약'이나 '상호 합의'라는 개념에서 나온다
는 정치 이론이다. 또한 신의 뜻이나 다른 어떤 것이 아닌 사회 계약
에 의해 윤리 규범을 정한다는 도덕 이론이기도 하다.

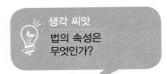

생각 씨앗
법의 속성은
무엇인가?

법 해석의
새로운 이론가

로널드 M. 드워킨

로널드 드워킨은 법철학자 중 가장 영향력 있는 사람 중 한 명이에요. 또한 존 롤스 이후 손꼽히는 사회 정의 이론가이기도 하지요. 그는 과연 법이란 무엇이고, 법이 갖는 속성은 무엇인지에 대해 깊은 통찰을 보여 주었어요. 법 해석에 있어서도 실증주의와 자연법 사이의 팽팽한 줄 위를 걸었고, 제3의 길을 찾았답니다.

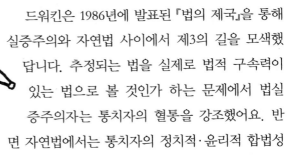

드워킨은 1986년에 발표된 『법의 제국』을 통해 실증주의와 자연법 사이에서 제3의 길을 모색했답니다. 추정되는 법을 실제로 법적 구속력이 있는 법으로 볼 것인가 하는 문제에서 법실증주의자는 통치자의 혈통을 강조했어요. 반면 자연법에서는 통치자의 정치적·윤리적 합법성을 중시하고, 통치자가 법으로 무엇을 공표하는지가 중요하다고 본답니다. 드워킨은 법이 무엇이고, 그 속성은 무엇인지에 대해 깊은 보여 주었어요.

드워킨은 판결을 중심으로 법을 연구했어요. 보통법 재판관들은 앞선 재판의 판례를 활용했고, 법실증주의에서 주목하는 것도 마찬가지였지요. 드워킨은 법 조항이나 앞선 법원 판결을 적용하는 것을 일종의 해석 활동이라고 본다면 재판관의 해석 행위에 영향을 미치는

시대를 움직이는
힘

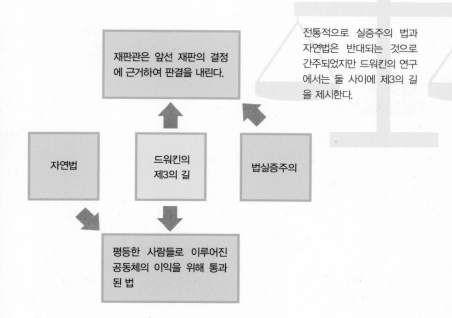

전통적으로 실증주의 법과 자연법은 반대되는 것으로 간주되었지만 드워킨의 연구에서는 둘 사이에 제3의 길을 제시한다.

재판관은 앞선 재판의 결정에 근거하여 판결을 내린다.

자연법

드워킨의 제3의 길

법실증주의

평등한 사람들로 이루어진 공동체의 이익을 위해 통과된 법

조건이 무엇인지 주목했답니다.

드워킨은 두 가지 조건을 강조했어요. 첫째는 가장 도덕적인 해석이라는 조건이에요. 그의 관찰에 따르면 법은 정치 공동체와 그 구성원들의 이익에 일치하는 목표를 달성하려고 해요. 이때 구성원들은 도덕적으로 평등하다고 간주되고, 재판관은 공동체의 이익과 가장 조화를 이루는 법 조항을 찾아 해석해요. 그의 이러한 해석은 자연법의 입장이에요. 둘째는 가장 도덕적인 해석들 중에서 재판관은 앞선 판결과 가장 잘 부합하는 것을 선택해야 한다는 것이지요. 이러한 관점은 드워킨이 실증주의적이라는 것을 드러내고 있답니다.

Ronald M. Dworkin

출생 1931년, 미국 매사추세츠 주 우스터
업적 법이 나아갈 제 3의 길에 관한 이론을 제시
사망 2013년

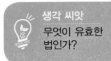

현대
자연법 이론가

존 피니스

오늘날 자연법 이론이 풍부하게 되살아난 것은 존 피니스의 공이 크답니다. 그의 자연법 연구는 『자연법과 자연권』으로 결실을 맺었지요. 이 책은 하트, 드워킨, 라즈와 함께 피니스를 당대 법 이론 분야의 최고 권위자 반열에 올려놓았어요. 그는 '통합적인 인간 실현'이라는 개념을 주장했는데 이에 일치하지 않는 법은 비도덕적이고 유효한 법이 아니라고 생각했답니다.

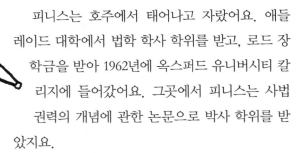

피니스는 호주에서 태어나고 자랐어요. 애들레이드 대학에서 법학 학사 학위를 받고, 로드 장학금을 받아 1962년에 옥스퍼드 유니버시티 칼리지에 들어갔어요. 그곳에서 피니스는 사법 권력의 개념에 관한 논문으로 박사 학위를 받았지요.

피니스는 인간의 선(善)을 바탕으로 법 현상을 설명했어요. 오스틴의 방식과는 아주 달랐지요. 그러면서 현대 법철학의 특징인 개념 분석 방법론을 사용했어요. 피니스는 '인간 번영'에 기여하는 '선(善)'이 있다고 보았어요. 선은 일정한 척도로 비교할 수 없는 것이지요. 그는 인간으로서 가장 보편적인 의무를 '통합적인 인간 실현'에 반하여 행동하지 않는 것이라고 말했어요. '통합적인 인간실현'이란 공동체의 번영을 의미했어요. 이러한 개념은 『윤리학의 기본 원칙』(1984)에

요약되어 있답니다.

　법과 법적 의무에 관한 피니스의 해석은 이러한 기본적인 윤리 개념에서 더 나아갔어요. 그는 정부의 기본적 책임이 통합적인 인간 실현을 발전시키는 것이고, 법은 그러한 노력을 위

한 수단으로 간주했답니다. 또 무엇이 유효한 법인지에 대해서는 '형식적 제한'과 '본질적 제한'이 있다고 생각했어요. 형식적 제한은 법치주의로 드러나고, 본질적 제한은 추정되는 법의 원칙이나 내용에 적용되는 거지요.

　피니스는 통치 역할을 하는 정부의 의무와 시민의 의무를 구별했답니다. 당연히 정부는 무효로 판단된 법을 고치거나 폐기할 의무가 있어요. 그러나 시민의 의무는 조금 복잡하다고 설명했지요. 그는 극단적인 상황이 아니라면 도덕성 심사를 통과하지 못한 법이라고 해도 시민에게는 따라야 할 도덕적 의무가 있다고 생각했어요. 만약 선택적으로 법을 따르게 된다면 법체계 전체를 약화시킬 것이기 때문이지요. 그에게 법치는 그 자체로 인간의 번영을 위해 필요한 조건이었어요. 그래서 때로는 법 조항을 놓고 시민의 의무와 정부의 의무가 대응 관계에 놓일 수 있어요. 그러나 극단적인 상황이라면 상황은 좀 달라지지요. 이럴 때라면 법을 개선하기 위해 오히려 시민 불복종이 도덕적 의무가 될 테니까요.

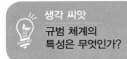
조지프 라즈

조지프 라즈는 스승인 허버트 하트 이후 가장 높이 평가되는 법실증주의자
랍니다. 라즈는 단순한 법적 규범보다는 그 규범에 담기는 법체계에 초점을
맞춤으로써 하트가 발전시킨 법실증주의의 범위를 더욱 확대했어요. 그는 법
철학, 정치 철학, 도덕 철학 분야의 다양한 주제에 대해 글을 썼답니다. 여기
에는 규범성, 가치 이론, 실천 이성, 정치 권력 등이 포함되어 있지요.

라즈는 1939년 당시 영국령이던 팔레스타인에
서 태어났어요. 그는 예루살렘 히브리 대학에서
법과 법철학을 공부했고, 1936년에 법학 석사
학위를 받았지요. 이스라엘에서 열린 학술회
의에서 허버트 하트를 만난 것은 그의 일생에
중요한 전환점이 되었답니다. 라즈는 옥스퍼드 발
리올 칼리지로 건너가 하트의 지도 아래 철학을 전공했어요.
이후 그는 드워킨과 함께 법철학, 도덕 철학, 정치 철학 분야의 저명한
철학자들을 여러 세대 키워 냈답니다.

라즈와 그의 스승이었던 하트의 연구는 차이점이 있었어요. 하트
의 『법의 개념』과 라즈의 『법체계의 개념』을 나란히 놓고 보면 그들의
연구가 잘 드러나지요. 하트의 주요 관심은 전체 법체계보다는 어떤
규칙이 권위 있는 규범으로 인식되는가 하는 데 있었던 반면, 라즈의

관심은 훨씬 더 넓어서 체계적이고도 합법적인 규범 체계 전체에 걸쳐 있었어요. 다른 실증주의자들과 마찬가지로 라즈는 법 규범과 도덕 규범 사이의 개념적 구분을 강조했고, 이 둘 사이에 상호 의존성은 거의 없다고 생각했어요. 그렇다고 해서 법체계를 만들고, 유지하고, 개선하고자 하는 사람들에게 도덕적 의무가 없다는 말은 아니었지요. 실제로 라즈의 법치 원칙은 법의 도덕성을 구성하는 것으로 론 풀러가 밝힌 원칙들과 대단히 비슷하답니다.

라즈의 최근 연구는 실천 이성, 가치, 규범성이라는 일반적인 개념들에 집중되고 있어요. 그는 법, 도덕, 그밖에 여러 종류의 규범들이 서로 구별되며, 이들 사이의 밀접한 관계를 파악하는 것과 함께 서로 비교 또는 대조하여 규범 체계 전체를 볼 수 있어야 한다고 주장한답니다.

Joseph Raz

출생 1939년,
영국령 팔레스타인
업적 허버트 하트 이후 가장 중요한 법실증주의자

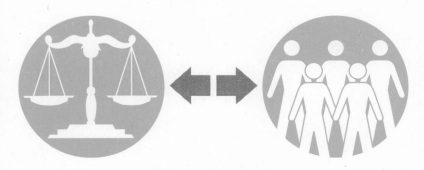

법실증주의에 관한 라즈의 연구는 법과 사회의 개념적 분리를 강조했다. 하지만 그는 법적 문제의 책임이 있는 사람들도 여전히 도덕적 원칙을 따라야 함을 조심스럽게 지적했다.

4장

국제법의
개척자

FOUNDERS OF
INTERNATIONAL LAW

후고 그로티우스
다그 함마르셸드
존 피터스 험프리
로절린 히긴스
리처드 골드스톤
존 메이너드 케인스
야스헤이 타니구치

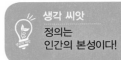
국제법의 아버지 후고 그로티우스

> 후고 그로티우스는 법률가일 뿐만 아니라 신학자, 철학자, 시인, 극작가로도
> 알려져 있답니다. 그는 정의가 인간의 본성에서 나온다고 생각했어요. 이러
> 한 근대 자연법 이론은 그의 사상의 기반이 되었지요. 그는 특히 해양 자유
> 의 원칙과 전쟁 금지를 주장했는데 이것은 해양법과 전쟁법에 대한 체계화
> 로 이어졌고 근대 국제법의 기초를 마련하게 되었답니다.

그로티우스는 네덜란드가 스페인에 맞서 싸
우던 시기에 태어났어요. 그의 부모는 교육수
준이 높아서 어린 그에게 아리스토텔레스 철
학과 인문학을 가르쳤지요. 그로티우스는 열
한 살에 라이덴 대학에 다녔는데, 라이덴은
그 당시 유럽의 저명한 학자들을 많이 배출한
곳이었답니다. 그는 대학을 졸업하고 외교와 관련된 일을 하며 유럽
곳곳을 다니게 되었어요. 네덜란드의 정치가 올덴바르네벨트와 함께
프랑스로 간 그로티우스는 오를레앙 대학에서 명예 법학 박사 학위를
받았어요. 1599년 그로티우스는 헤이그에서 변호사가 되었고 2년 후
네덜란드 국가 사료 편찬 위원이 되었어요. 1604년에는 이베리아와 전
쟁하던 네덜란드가 포르투갈 선박 산타 카나리나를 장악한 일을 변
호하게 되었지요. 그리고 이 사건을 계기로 국제법에 관한 첫 논문을

쓰게 되었답니다.

이후 많은 책들이 쏟아져 나왔어요. 『자유로운 바다』(1609)는 해양 자유의 원칙을 주장한 것으로 유명한데 이 때문에 영국인들과 그로티우스 사이에 해양법에 관한 논쟁이 일어났어요. 오늘날 그로티우스가 법률가로 가장 잘 알려진 것은 『전쟁과 평화의 법』(1625) 덕분이랍니다. 스페인과 네덜란드의 80년 전쟁과 가톨릭과 개신교의 30년 전쟁이 불러온 비참한 현실을 보며 그로티우스는 전쟁을 금지해야 한다고 주장했어요. 이것은 오늘날 국제법학을 체계화한 중요한 책이 되었지요.

그로티우스는 자연법 이론에서 자신이 찾던 원칙을 발견했어요. 이것은 민족이나 국가를 뛰어넘어, 심지어 신의 명령과도 관계없이 사람들을 구속하는 원칙이었지요. 그것은 바로 '정의'였어요. 또한 그는 정의라는 원칙의 근거를 인간 본성에 두고 새롭게 자연법을 이론화하는 작업을 했어요.

그로티우스는 변호사로 일하며 많은 책을 썼고, 외교 업무도 맡았답니다. 주로 스웨덴과 프랑스에서 지냈는데, 그가 활동하던 시기는 역사적인 격동기여서 자주 곤경에 빠졌어요. 말년에는 자신의 고향으로 돌아가고 싶어 했으나 배가 난파되어 머무르게 된 로스토크에서 세상을 떠났답니다.

Law

Hugo Grotius

출생 1583년,
네덜란드 델프트
업적 근대 초기 자연법
이론가이며 국제법을 발
전시킴
사망 1645년,
네덜란드 로스토크

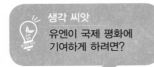

생각 씨앗

유엔이 국제 평화에
기여하게 하려면?

**국제적인
중재자**

다그 함마르셸드

유엔 사무총장은 그 기구의 얼굴이라고 할 수 있어요. 여러 사람이 그 자리를 거쳐 갔지만 다그 함마르셸드는 특히 기억될 만한 사람이랍니다. 원인 불명의 비행기 사고로 사망하기까지 그는 유엔 사무총장으로서 평화를 위해 중재하는 역할을 충실히 수행했어요. 유엔 조직과 그의 뒤를 이은 사무총장들은 모두 그가 닦아 놓은 길을 따라 걷고 있답니다.

국가들이 평화롭게 협력하는 가운데 국제적인 법치가 가능하다는 생각은 오래되었답니다. 고대와 근대의 여러 제국들은 평화로운 세계 질서를 확립하겠다는 포부를 밝히곤 했지요. 또 이상을 추구하는 법률가와 철학자들이 세계 평화를 위한 자발적인 조직을 구상하기도 했답니다. 그러나 실제로 국가들이 평화를 위해 연대하고 상설 국제 포럼을 만들고자 노력한 것은 제1차 세계대전이 끝날 무렵이었어요. 그러한 노력의 결과로 1919년 베르사유 조약에 따라 국제 연맹이 설립되었지요.

그런데 국제 연맹을 세울 때 주축이 된 이탈리아, 독일, 일본이 주변 국가를 침공하면서 제2차 세계대전이 일어났고, 이를 막지 못한 국제 연맹은 깨지고 말았어요. 이렇게 갈등을 겪으면서 국제 연합(United

시대를 움직이는
힘

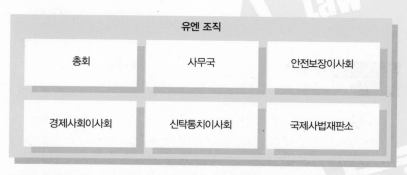

유엔 조직		
총회	사무국	안전보장이사회
경제사회이사회	신탁통치이사회	국제사법재판소

국제적인 법을 제정하고 집행하는 조직체인 유엔의 조직으로는 총회, 사무국, 안전보장이사회, 경제사회이사회, 국제사법재판소가 있다. (신탁통치이사회는 1994년에 활동을 멈추었다.)

Nations: UN)이 등장하게 되었답니다. 윈스턴 처칠 영국 수상과 프랭클린 루스벨트 미국 대통령은 1942년에 유엔이라는 이름으로 연합 세력을 조직하기 시작했어요. 이 두 지도자가 주최하고 옛 소련과 중국이 참석한 전시 회담에서 유엔이라는 공식적인 전후 조직을 구체적으로 구상하게 되었지요. 드디어 1945년에 샌프란시스코에서 열린 국제 연합 회의에서 유엔이 설립되었답니다.

다그 함마르셸드는 어렸을 때부터 눈에 띄게 뛰어난 학생이었다고 해요. 1953년에 유엔 사무총장을 맡자 함마르셸드는 유엔을 전면적으로 개편했어요. 그리고 지금까지 그 형태가 이어지고 있지요. 열정적으로 세계 곳곳을 다니면서 전쟁의 위험과 냉전의 위기를 누그러뜨린 함마르셸드는 유엔과 함께 영원히 그 이름이 남았답니다.

Dag
Hammarskjold

출생 1905년.
스웨덴 옌세핑
업적 유엔 사무총장으로서
국제 분쟁 해결에 기여
사망 1961년 북로디지아(현
재 잠비아) 은돌라 근처

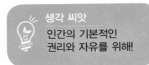

생각 씨앗
인간의 기본적인
권리와 자유를 위해!

세계 인권 선언을
작성한 **존 피터스 험프리**

> 존 피터스 험프리는 세계 인권 보호를 위해 헌신한 사람이었어요. 그는 인도 주의법의 내용과 제도에 영향을 미쳤답니다. 특히 그는 유엔의 '세계 인권 선언'을 작성했지요. 그리고 20년 동안 유엔에서 일하면서 새로 독립한 나라의 헌법과 국제 인권 규약의 이행을 감독했어요. 또 인간의 기본적인 자유를 옹호하기 위해 유엔에 인권 위원회 설립을 제안하기도 했답니다.

험프리는 자신이 태어난 캐나다 뉴브런즈윅에 있는 로스시 공립 고등학교와 마운트 앨리슨 대학을 다닌 후, 법학 공부를 위해 몬트리올에 있는 맥길 대학으로 갔어요. 이후 프랑스에서 잠시 유학 생활을 하고 돌아와 맥길 대학의 교수가 되었어요. 그는 열심히 공부하는 학자였는데, 특히 국제법 분야에서 앞서갔어요. 1940년대 초, 험프리는 인생의 전환점이 될 만남을 가지게 됩니다. 훗날 유엔의 사무처장이 되는 앙리 로지에르와의 인연이었습니다. 앙리는 나치 지배하의 프랑스에서 저항 운동을 벌이다 잠시 캐나다로 망명해 있었지요.

1946년에 유엔이 새로 창설되자 앙리는 험프리를 유엔 산하 초대 인권 국장으로 초청했어요. 험프리는 프랭클린 루스벨트 대통령의 아내인 엘리너 루스벨트와 함께 일하면서 유엔의 '세계 인권 선언'을 작성했답니다. 엘리너 루스벨트는 남편의 재임 기간 동안 가난하고 소외된 사람들을 열성적으로 도왔지요. 세계 인권 선언은 영국과 미국의 권리장전에 기초하여 작성되었고, 1948년 12월에 유엔 총회에서 만장일치로 채택되었어요. 루스벨트는 선언문을 '인류의 국제적인 마그나카르타'라고 불렀지요.

험프리는 20년 동안 유엔에서 일하면서 새로 독립한 나라의 헌법과 국제 인권 규약의 이행을 감독했어요. 1960년대 초반에는 유엔에 인권 위원회를 설립할 것을 제안하기도 했지요. 그 생각은 1990년대에 실현되었고, 전 세계적으로 인간의 기본적인 자유를 옹호하는 역할을 하게 되었어요. 이후에도 그는 국제 인권 침해 조사 위원회 및 캐나다의 여러 인권 조직과 함께 일하면서 국제적으로 인간의 권리를 보호하는 데 앞장섰답니다.

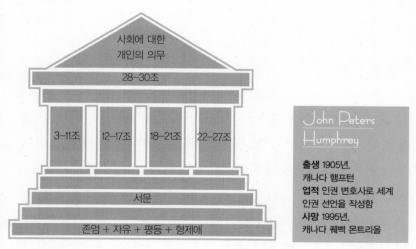

John Peters
Humphrey

출생 1905년,
캐나다 햄프턴
업적 인권 변호사로 세계
인권 선언을 작성함
사망 1995년,
캐나다 퀘벡 몬트리올

유엔의 세계 인권 선언의 바탕에는 존엄, 자유, 평등, 형제애가 있다. 세계 인권 선언문은 모든 사람이 가지고 태어나는 권리를 성문화한 최초의 문서다.

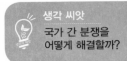

생각 씨앗
국가 간 분쟁을
어떻게 해결할까?

국제사법재판소를 이끈 로절린 히긴스

국제사법재판소는 유엔 산하 기관으로써 국제법에 따라 국가 사이의 분쟁을 해결한답니다. 판결을 내릴 뿐 아니라 유엔이 문제를 제출하면 어떤 국제법이 적용되는지에 대해 의견을 제출하기도 해요. 여기에서 내려진 판결은 대부분의 국가들로부터 높은 평가를 얻었어요. 탁월한 재판관으로 명성이 높았던 로절린 히긴스는 국제사법재판소 최초의 여성 재판관이었답니다.

국제사법재판소는 공식적으로 1945년에 유엔과 함께 설립되었지만 실제로 그 역사는 훨씬 더 길어요. 1922년 네덜란드 헤이그에서 국제 연맹의 사법 부문으로 상설 국제사법재판소가 설립되었는데, 이것을 직접 승계한 기관이 국제사법재판소랍니다.

국제사법재판소는 판결을 내릴 뿐 아니라 유엔이 문제를 제출하면 어떤 국제법이 적용되는지에 대해 의견을 제출하기도 해요. 법규의 권한에 따라 재판소는 국제 조약이나 국제 관습, 개별 국가의 국내법체계의 일반적인 원칙, 그리고 명망 있는 법학자들의 저술을 검토함으로써 국제법의 내용을 확인하지요. 그리고 조정에 동의한 국가에 대해서만 강제 관할권을 가지는데, 강제 관할권에 서명하지 않은 국가도 건별로 재판권에 복종할 수 있어요.

국제사법재판소에는 9년 임기의 재판관이 15명 있는데, 3년마다 5명씩 교대로 선출됩니다. 재판관으로 선출되기 위해서는 유엔 총회와 안전보장이사회에서 절대 과반수 이상의 찬성을 얻어야 해요. 재판관 후보가 될 수 있는 사람은 각 나라에서 고위 사법직에 오를 수 있거나 국제법에 정통한 사람으로 높은 도덕성을 갖추고 있어야 하지요.

히긴스는 1937년에 런던에서 태어났어요. 문학과 법을 전공하며 케임브리지 거튼 칼리지를 졸업했어요. 그리고 미국으로 건너가 예일대에서 법학 박사 학위를 받았지요. 그 후 히긴스는 런던에서 변호사가 되었고 이너템플 법학원의 평의원이 되었어요. 1986년에는 여왕의 고문 변호사가 되었고, 1995년에는 대영제국 훈장을 받았답니다. 히긴스는 수많은 대학에서 학생들을 가르쳤고, 국제법에 관한 책을 많이 출판했어요. 이 책들로 국제적인 명성이 점점 더 쌓였지요. 그리고 1995년, 여성 최초로 국제사법재판소 재판관으로 선출되었답니다.

초기의 국제사법재판소는 그다지 많은 사건을 다루지 않았어요. 그런데 1980년대 이후 점점 더 자주 찾는 곳이 되었지요. 전 세계 고등법원 재판관들 사이에 소통이 늘어난 것은 국제적인 사법부의 존재를 더 굳건하게 만들었어요.

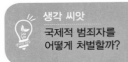
국제 기소의
선도자

리처드 골드스톤

국제 범죄를 저지른 개인을 처벌하는 국제형사재판소(International Criminal
Court: ICC)는 국제법에서 이정표와 같아요. 이곳에서는 전쟁 범죄나 심각한
인권 침해에 대해 개인을 기소할 수 있지요. 이 조직의 설립에는 전쟁 범죄
재판에 기여한 여러 법학자들의 공로가 컸는데 특히 남아프리카 공화국의
재판관이었던 리처드 골드스톤이 중요한 역할을 했답니다.

국제형사재판소의 기원은 전쟁 범죄와 잔
혹 행위를 처벌하고자 했던 여러 특별 재판소
에서 선례를 찾을 수 있어요. 오래전부터 있
었던 이러한 선례에도 불구하고 2002년에 이
르러서야 설립되었지요. 가장 유명한 국제 형
사 재판의 선례는 제2차 세계대전 후 1948년
에 열린 뉘른베르크 재판과 도쿄 재판이에요. 이후 유엔 총회는 이
런 문제를 담당할 상설 기구가 필요하다고 밝혔어요. 그리고 국제법
의 점진적인 발전과 성문화를 촉진하기 위해 1948년에 설립된 국제법
위원회가 의정서를 작성하여 기관의 법적 기반을 마련해야 한다고 요
청했지요. 하지만 복잡한 세계 정세 때문에 더 이상 진척이 이루어지
지 못했어요.

그런데 1990년대 초, 옛 유고슬라비아와 르완다 내전에서 잔혹 행

위가 자행되었고 그러한 범죄를 다루고자 설립된 특별 재판소가 성공을 거두자 상설 국제형사재판소를 설립하려는 노력이 되살아났답니다. 유엔 총회는 1998년 여름에 로마에서 국제 회의를 소집했어요. 그리고 1948년에 처음 계획했던 것과 같은 의정서를 최종적으로 승인하고자 했지요. 결국 국제형사재판소 설립에 관한 로마 규정이 1998년 7월에 채택되었고, 4년 후 60개국의 국내 입법부에서 공식적 비준이 이루어지자 효력을 발휘하게 되었어요.

리처드 골드스톤은 1962년에 법학 학위를 받고 요하네스버그에서 변호사로 일하기 시작했어요. 1980년에 그는 트란스발 대법원의 수석 판사로 임명되었고 1990년대 초에는 남아프리카 공화국 대법원의 대법관이 되었지요. 그리고 극단적인 인종 차별 정책인 아파르트헤이트 철폐를 골자로 하는 새로운 헌법이 만들어질 때 이를 해석하고 남아프리카 공화국이 민주주의로 이행하는 데 결정적인 역할을 맡았답니다.

법률상 의견이 탁월했던 골드스톤은 남아프리카 공화국 재판부에서 두각을 나타냈어요. 1990년대 중반에는 유고슬라비아와 르완다에 관한 유엔 재판의 검사장으로 지명되었지요. 그 일을 훌륭하게 해냈기 때문에 상설 국제형사재판소를 설립하자는 주장이 더욱 설득력을 가지게 되었고 설립에도 기여할 수 있었어요. 골드스톤은 지금도 세계 여러 대학의 법학부에서 강의를 하고 인권법에 관해 책을 쓰고 있답니다.

Richard
Goldstone

출생 1938년, 남아프리카 공화국 요하네스버그
업적 국제형사재판소 설립을 도움

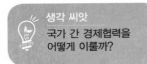

생각 씨앗
국가 간 경제협력을
어떻게 이룰까?

국제경제협력기구의 창설자 존 메이너드 케인스

국제통화기금(International Monetary Fund: IMF)과 세계 은행으로 대표되는 브레턴우즈 체제는 제2차 세계대전 후 경제 협력을 위해 여러 나라들을 하나로 모으려는 열망에서 탄생했어요. 20세기의 가장 유명한 경제학자인 존 메이너드 케인스는 미국의 해리 덱스터 화이트와 함께 이 기관들을 발전시키는 데 중대한 역할을 했답니다.

제2차 세계대전이 끝나갈 무렵 세계 경제의 침체가 전쟁 발발에 영향을 미쳤다는 인식이 퍼지기 시작했어요. 또 국제적인 경제 협력이 제대로 이루어지지 않아서 세계 경제가 불황에 빠졌다고 생각했지요. 그래서 유엔 설립과 함께 세계 여러 국가들의 긴밀한 경제 협력과 통합을 촉진할 수 있는 기관도 함께 만들어야 한다는 데 동의가 이루어졌어요. '세계무역기구(World Trade Organization: WTO)'로 발전한 '관세와 무역에 관한 일반 협정(General Agreement in Tariffs on Trade: GATT)'과 함께 브레턴우즈 체제는 그러한 노력의 결과랍니다.

케인스는 전쟁 동안 영국 재무부의 특별 고문을 지냈고, 화이트는 재무부의 고위 관리였지요. 두 사람은 1930년대의 세계 경제 침체의 원인 중 하나로 각 나라에서 경쟁적으로 이루어지던 통화의 평가절하를 꼽았고, 그래서 안정적인 환율을 법적으로 강제하는 것이 필요하다고 생각했어요. 또한 전쟁으로 무너진 여러 나라의 경제를 다시 일으키려면 세계적인 대출 체제가 필요하다는 데에도 동의했지요. 케인스와 화이트는 그러한 기관을 만들어 내고자 전쟁 중에도 수년간 고심했고, 때때로 논쟁이 벌어지기도 했지만 1944년에 기본 윤곽에 합의했어요. 이렇게 탄생된 브레턴우즈 체제는 두 개의 기관으로 이루어져 있지요.

첫 번째 기관은 '국제통화기금(IMF)'이었어요. 여기서는 국가별 통화 간에 엄격한 환율을 지키게 하는 역할을 했어요. 모든 통화는 달러와 연동되었고 달러는 다시 금과 연동되었지요. 엄격한 환율을 적용했던 원래의 액면 가격 체제는 이후에 힘을 잃었지만 IMF는 살아남았어요. 두 번째 기관은 세계 은행으로도 알려져 있는 '국제부흥개발은행(IBRD)'이랍니다. 원래는 전쟁으로 무너진 유럽과 아시아의 재건에 자금을 조달하려고 계획한 것이었지만 나라 사이의 원조도 주선하게 되었어요. 그리고 지금은 개발도상국의 개발 프로젝트를 지원하는 기구로 발전했답니다.

"각자 받아들일 수 있고 누구에게도 귀찮지 않은, 공통의 측량법, 공통의 표준, 공통의 규칙을 마련하는 것이 우리의 과제가 되었습니다."

– 존 메이너드 케인스,
1944년 브레턴우즈 회의 연설

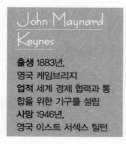

John Maynard
Keynes

출생 1883년,
영국 케임브리지
업적 세계 경제 협력과 통합을 위한 기구를 설립
사망 1946년,
영국 이스트 서섹스 틸턴

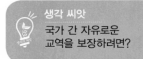

세계무역기구의 개척자 — 야스헤이 타니구치

오늘날 국가 간 무역은 점점 더 늘어나고 있어요. 그래서 자국의 이익을 내세우는 나라들 사이의 관계를 규율하고 자유로운 교역을 보장하는 일이 중요해졌지요. 세계무역기구(World Trade Organization: WTO)는 세계 무역을 자유화하고 감독하는 책임이 있는 기관이에요. 야스헤이 타니구치는 세계무역기구의 의사 결정 표준을 마련한 공로로 존경을 받고 있답니다.

브레턴우즈와 관련하여 앞서 언급했듯이 제2차 세계대전이 끝날 무렵, 과도한 경제 경쟁이 전쟁 전 세계 대공황의 주요 원인으로 생각되었어요. 그래서 세계 지도자들은 상품과 서비스의 활발한 세계 무역을 보장하고자 자유무역협정을 추진했답니다. 이 협정이 국가 간 상호 의존성과 통합을 강화하여 경제 번영과 평화 유지에 도움이 될 것으로 기대했지요.

1947년 '관세와 무역에 관한 일반 협정(GATT)'에서 실질적인 교역 규칙에 대한 동의가 성공적으로 이루어졌어요. 1947년부터 1995년까지 GATT에 따라 세계 무역 협정이 시행되었는데, 회원국의 상품과 서비스에서 무역 장벽과 차별을 점차 줄여 나가도록 설계되어 있었지요. 그런데 GATT는 기본 원칙 외에 예외 규정이 많고 강대국들의 불

공정 무역 행위를 효과적으로 막을 수 없는 한계가 있었어요. 회원 국들은 협정의 개선과 집행을 돕기 위해 정기적으로 만났고, 우루과 이 라운드에서 국제 무역 기구 설립이 실현되었답니다. 세계무역기구 를 통해 회원국은 다른 회원국의 차별 관행에 대해 혐의를 제기할 수 있어요.

타니구치는 1957년에 도쿄 대학에서 법학 학위를 받았고, 1964년 에 뉴욕 코넬 대학에서 법학 박사 학위를 받았어요. 그는 교토, 도쿄, 코넬, 하버드, 스탠포드 등 세계 곳곳의 여러 유명한 대학에서 무역법 에 대해 가르쳤어요. 그리고 2000년에서 2007년까지 세계무역기구에 서 일하며 많은 공헌을 했어요.

Yasuhei Taniguchi
출생 1938년, 일본 도쿄
업적 세계무역기구에 기여

세계무역기구에는 153개국이 회원으로 있다(주황색). EU 국가들(회색)은 각 나라가 회원국이지만 전체를 하나로 표시하고 있다.

5장

유명한 법률가들

RENOWNED ’
TRIAL LAWYERS

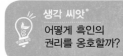
시민권 변호사 스키피오 아프리카누스 존스

> 스키피오 존스는 미국 남부에서 시민권을 옹호한 사람이에요. 당시 미국 남부에서 시민권을 주장한다는 것은 굉장히 어려운 일이었고 힘겹게 싸워야 얻을 수 있는 것이었지요. 그는 가난하고 인종 차별이 심한 환경에서 자랐지만 모든 것을 신념으로 극복했어요. 그리고 이후 여러 세대의 변호사들에게 큰 울림을 남겼답니다.

미국 남부의 노예였던 제미마 존스는 열다섯 살에 존스를 낳았다고 해요. 존스는 분리주의 정책을 따르는 아프리카 미국인 학교에 다녔고, 리틀 록으로 옮겨 가 필란더 스미스 칼리지를 다녔어요. 그리고 베델 대학에서 학사 학위를 받았지요. 수년간 학교 교사로 일하던 존스는 돈을 더 벌기 위해 리틀 록에 있는 미국 연방 판사의 집무실에서 관리인으로 일했답니다. 그는 남는 시간에 법 서적을 읽기 시작했는데 얼마 후 미국 순회 재판 판사의 견습생이 되었고, 법을 전공하게 되었지요. 존슨의 능력과 의지에 감명을 받은 판사는 사실상 존슨에게 법을 개인 지도했답니다. 1899년에 존슨은 미국 변호사 협회에 들어갔고 변호사 자격을 얻었지요. 그는 이어서 아칸소 대법원 변호사단에 들어갔고 마침내 연방 대법원 변호사가 되었어요.

변호사로서 존스는 여러 흑인들을 만났어요. 자리를 잡은 백인 변호사들이 선호하지 않는 사람들이었지요. 그는 형사 재판에서 성공적인 변호로 놀라운 기록을 쌓았답니다. 가장 유명한 변론은 '일레인 12 사건'일 거예요. 모두 백인으로 이루어진 배심원단은 1919년 폭동에 가담했다는 죄목으로 흑인 12명에게 사형을 선고했어요. 존스는 그 사건을 대법원까지 가져갔고, 그의 변론은 법정이 작성한 의견서의 핵심을 이루었다고 해요. 법원은 적법한 절차를 거쳐 피고 12명의 유죄 판결을 뒤집었어요. 6명의 혐의는 기각되었고, 나머지 6명은 12년 징역형을 선고받았지요. 존슨은 그들을 사면해 달라고 아칸소 주지사 토머스 맥크리를 설득했어요. 그는 백인 배심원단의 결정으로 투옥된 다른 흑인들도 사면을 받게 했답니다. 이것은 당시 시대상에 비추어 볼 때 엄청난 일이었어요. 아마 오늘날이었다고 해도 대단한 일이었을 거예요.

지칠 줄 모르는 존스의 노력과 뛰어난 변론 능력은 불가능해 보이는 일에 도전하는 시민권 변호사의 전형이 되었어요. 멜빈 벨리와 조니 코크런 같은 유명한 시민권 변호사들도 그의 영향을 크게 받았답니다.

"일레인 12 사건은 빚을 갚기 위한 노역과 폭정에 대항하여 이 땅에서 싸운 가장 위대한 사건입니다."—스키피오 아프리카누스 존스

Scipio Africanus Jones

출생 1863년,
미국 아칸소 스미스타운
업적 남북 전쟁 후 미국의
초기 시민권 옹호
사망 1943년,
미국 아칸소 리틀 록

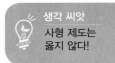

**사형을 반대한
변호사**

클래런스 대로

> 클래런스 대로는 근대 미국 역사에서 가장 유명한 법정 변호사일 거예요. 다
> 들 꺼리는 사건을 맡아 변호했고, 많은 소송에서 이겼답니다. 맥나마라 사건,
> 레오폴드와 뢰브 재판으로 이름을 알린 그는 시민권에 관심을 가졌고 백인
> 배심원단 앞에서 흑인들을 변론했답니다. 진화론을 가르쳐 기소된 스코프스
> 에 대한 그의 변론은 많은 문학과 드라마의 소재가 되기도 했지요.

대로의 아버지 아미루스는 적극적인 노예 폐지
론자였고, 어머니 에밀리도 활동적인 여권 지지자
이자 여성 참정권론자였어요. 클래런스는 두 사람
의 정신을 모두 이어받은 것 같아요. 그는 앨러게니
칼리지에서 학사 학위를 받고 미시건 대학에서 법
학 학위를 받은 후 1878년에 스물한 살의 나이로 오
하이오 주 변호사가 되었어요.

시카고로 옮겨 간 그는 큰 철도 회사의 법률 고문으로 일하면서 철
도 변호사로 일했답니다. 그리고 노동 조합과 인기 없는 의뢰인들을
대변했어요. 세상의 이목을 끈 첫 의뢰인은 1894년 악명 높은 풀먼 파
업을 일으킨 미국 철도노조 위원장인 유진 데브스였어요. 같은 해에
그는 시카고 시장 카터 해리슨의 살해를 시인한 패트릭 유진 프렌더
개스트를 변호했지만 실패했지요. 이 사건은 그의 의뢰인이 사형을 당

한 처음이자 유일한 사건이었답니다. 대로는 사형을 야만적이라고 생각했고 사형 제도에 끝까지 반대했어요.

대로는 신문사 노조를 세우려고 투쟁하다가 로스앤젤레스 타임스 건물에 폭탄을 던진 죄로 기소된 맥나마라 형제를 변호하기도 했어요. 세상의 주목을 받은 또 다른 사건은 십대 살인죄로 기소된 악명 높은 레오폴드와 뢰브의 재판이었어요. 죄에 대한 악평에도 불구하고 그는 피고들이 사형을 면하게 했답니다.

레오폴드와 뢰브의 재판 이후 대로는 시민권에 더욱 관심을 가졌고, 시민권과 관련된 사건을 많이 맡았어요. 사건 대부분은 사형에 처해질 범죄로 기소당한 흑인들과 연루되어 있었어요. 백인 배심원단 앞에서도 그는 명백한 무죄 방면을 여러 차례 얻어 냈답니다. 아마도 대로가 맡은 가장 유명한 사건은 스코프스 재판일 거예요. 1925년에 학교 교사였던 스코프스는 진화론을 가르친 죄로 테네시 주 법을 위반해 기소되었어요. 대로는 스코프스의 변호를 맡았지요. 이 사건에서 대로를 강력하게 반대한 사람은 유명한 정치가이자 전 대선주자였던 윌리엄 제닝스 브라이언이었어요. 그들의 싸움은 문학과 드라마와 영화의 소재가 되었지요. 인기 없는 사건도 마다 않는 대로의 열정과 진보적인 정치 성향, 그리고 뛰어난 변론은 그를 신화적인 존재로 만들었답니다.

Clarence
Darrow

출생 1957년,
미국 오하이오 킨스먼
업적 근대 미국 역사상 유
명한 법정 변호사
사망 1938년,
미국 일리노이 시카고

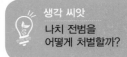
나치 전범 재판의 수석 검사

로버트 잭슨

로버트 잭슨은 대학을 졸업하지 않은 대법원 법관이었답니다. 또 특이한 것은 고등 법원의 현직 재판관으로 있으면서 법정 변호사로 계속 일을 한 점이지요. 그는 개인의 자유를 옹호했고 정부가 도를 넘을 때에는 사법부를 대표해 강력한 반대자로 나섰어요. 무엇보다 나치 전범 재판의 미국 수석 검사로서 런던 헌장을 작성하고 뉘른베르크 재판을 이끌었답니다.

뉴욕 변두리 지역에서 자란 잭슨은 1909년에 뉴욕의 프루버그 중등학교를 졸업한 후 바로 제임스타운 법률 사무소에서 견습생으로 일을 시작했어요. 올버니 로스쿨에서 2년간 수업을 듣고 제임스타운 법률 사무소에서 1년 더 견습생으로 일한 후 1913년, 스물한 살에 뉴욕 변호사가 되었지요.

잭슨은 변호사로서 상당히 성공을 거두었어요. 20년 동안 법정 변호사로서 뉴욕에서 명성이 높았고, 그의 평판은 전국으로 퍼졌지요. 뉴욕 주지사를 지냈던 루스벨트 대통령은 그를 재무부의 자문 위원장으로 임명했어요. 그 부서는 나중에 연방 조세 기관인 국세청이 되었어요. 잭슨은 법무부의 세무과 장관의 보좌관과 독점 금지과를 책임지는 법무장관의 보좌관을 거쳐 미국 법무차관에 올랐어요. 이러한 직책을 맡았다는 것은 잭슨이 루스벨트 대통령이 추진한 뉴딜 프로그램의 합헌성을 대법원에서 변호하는 책임을 지고 있었다는 뜻이에요. 잭슨이 그 역할을 유능하게 수행했기 때문에 법정에서 뉴딜을 옹호했던 루이스 브랜다이스 대법관은 잭슨이 종신으로 그 자리에 있어야 한다고 말하기도 했어요.

1940년, 루스벨트 대통령은 잭슨을 미국 법무장관에 임명했고, 1년 뒤에는 대법원으로 발령을 냈지요. 그 후 13년 동안 잭슨은 대법원에서 개인의 자유를 옹호했어요. 그리고 정부가 도를 넘을 때 사법부를 대표해 강력한 반대자로 나섰답니다. 1945년에 트루먼 대통령은 뉘른베르크에서 열린 나치 전범 재판의 미국 수석 검사로 잭슨을 임명했어요. 잭슨은 국제 군사 재판의 절차를 규정하는 '런던 헌장' 작성을 도왔지요. 그리고 헤르만 괴링 같은 나치 거물들을 열심히 기소했어요.

뉘른베르크 재판에서 이루어진 잭슨의 주장과 반대 심문은 드라마와 영화에서 재현되었어요. 2002년에 상설 국제형사재판소가 설립되는 데에는 뉘른베르크 재판과 잭슨의 역할이 중대한 영향을 미쳤답니다.

"승리에 잠시 취했다가 부상으로 괴로워하는 위대한 네 나라가 복수의 손을 멈추고 포로로 잡은 적을 자발적으로 법의 심판 앞에 내놓은 것은 지금까지 권력이 이성에게 바친 가장 중대한 찬사 중 하나입니다."

—뉘른베르크 재판 개회사

Robert Jackson

출생 1892년. 미국 펜실베이니아 스프링크리크
업적 국제군사재판소의 법률적인 기초를 마련하는 데 크게 기여
사망 1954년. 미국 워싱턴 DC

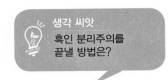

생각 씨앗
흑인 분리주의를
끝낼 방법은?

**헌법 자유의
수호자**

서굿 마셜

서굿 마셜은 미국 대법원 최초의 흑인 대법관으로 잘 알려져 있어요. 하지만 그 이전부터 줄곧 흑인의 권리를 변호했어요. 그중에서 1954년 '브라운 대학교 교육위원회 소송' 사건의 판결은 미국 학교에서 분리주의 정책의 막을 내리게 했어요. 1992년에는 대통령이 수여하는 자유훈장을 받았고, 이제는 수많은 기관들에 그의 이름이 남아 있답니다.

마셜의 아버지는 법치주의와 권리장전을 믿었고 자신의 신념을 큰 소리로 밝히는 사람이었다고 해요. 어린 마셜은 뭔가 잘못해서 벌을 받을 때 헌법을 읽어야 했던 것 같아요. 그는 나중에 그 벌 때문에 평생 헌법에 헌신하게 되었다고 말하곤 했지요. 마셜은 볼티모어에 있는 프레더릭 더글라스 고등학교를 다녔는데 이곳은 유명한 노예 폐지론자의 이름을 딴 학교였어요. 펜실베이니아의 링컨 대학을 다닌 후 메릴랜드 대학의 로스쿨에 지원하려고 했지만, 학장으로부터 흑인이기 때문에 입학 허가를 받을 수 없다는 말을 들었어요. 결국 마셜은 워싱턴 DC에 있는 하워드 대학 로스쿨을 다녀야 했지요.

1933년에 하워드 대학을 졸업하자 그는 곧 볼티모어에서 변호사로 일하기 시작했어요. 그는 유명한 시민권 단체인 '전미 흑인 지위 향상

시대를 움직이는
힘

협회' 볼티모어 지부의 일도 했어요. 그리고 첫 번째 중요한 소송이 시작되었는데, 4년을 끌면서 대법원까지 간 이 소송에서 결국 서른두 살의 마셜이 이겼지요. 또 그는 주의 조치에 의해 헌법의 권리가 침해된 흑인을 대변하는 등 32건의 대법원 재판 중 29건에서 이겼답니다. 그중 가장 유명한 것은 1954년의 '브라운 대학교 교육위원회 소송'이었어요. 이 소송의 판결로 미국 학교의 분리주의 정책은 막을 내리게 되었답니다.

Thurgood
Marshall

출생 1908년,
미국 메릴랜드 볼티모어
업적 시민권 변호사이며
대법원 최초의 흑인 법관
사망 1993년,
미국 메릴랜드 베데스다

　　1961년에 케네디 대통령은 마셜을 두 번째 순회 항소심 법원의 법관으로 임명했어요. 대법원 바로 아래, 영향력 있는 미국 항소심 법원에서 마셜은 1965년까지 일했지요. 그해에 존슨 대통령은 그를 미국 법무차관으로 임명했고, 1967년에는 대법원의 법관으로 임명했답니다. 미국 대법원의 재판관석에 앉은 흑인은 지금까지 단 두 명뿐이랍니다. 첫 흑인 대법관으로서 마셜은 24년 동안 놀라운 기록을 쌓았어요. 친구이자 협력자였던 윌리엄 브레넌 대법관과 함께 그는 헌법의 자유와 법의 평등한 보호를 옹호하는 사람으로 알려지게 되었지요. 그는 또한 법원에서 사형 선고가 내려질 때마다 열렬히 반대했답니다.

Natural Rights and Bills of Rights

자연권과 권리장전

{ 인간의 기본 권리를 뜻하는 자연권 개념, 그리고 그 권리를 헌법의 권리장전에 올리는 것, 또 적법 절차에 따라 그 권리를 보호하는 것은 모두 긴밀하게 연결되어 있어요. 이들은 사법 심사뿐만 아니라 자연법이나 법치주의와도 맞닿아 있지요. 자연권이 다른 개념들과 구분되는 것은 정부보다 시민 개개인에 초점을 맞춘다는 점이랍니다. }

인간에게는 태어날 때부터 하늘로부터 받은 자연적인 권리가 있다는 개념은 오래전부터 여러 문화권에서 발견되어 왔어요. 자연권은 최고 통치자라도 따라야 하는 자연의 행동 질서였어요. 하지만 근대에 이르기까지 규범의 초점은 국왕과 같은 통치자에게 있었지요. 보통 신 또는 목사, 예언자, 성직자같이 지상에서 신을 대표하는 사람들이 규범을 앞장서서 옹호했어요. 시간이 흘러서 성직자가 아닌 귀족도 군주에 대항하여 법을 집행할 수 있다는 생각이 등장했지만 이것도 일반적으로 적용되는 게 아니라 특권을 집행한다는 개념이었답니다.

17세기를 지나 18세기가 되어서야 국민 전체가 정부에 대항하여 자신의 권리를 보호한다는 개념이 법 이론가나 정치 이론가에 의해 논의되기 시작했고, 수아레즈, 푸펜도르프, 그로티우스 같은 근대 초기 자연법 이론가들의 책에서 눈에 띄게 드러났지요. 특히 홉스, 로크, 루소처

시대를 움직이는 힘

럼 사회계약 이론을 주장한 정치 철학자들도 이러한 생각을 했어요. 처음에는 통치자와 피지배자 사이에 암묵적 동의의 형태로 헌법에 포함되었지요. 이때까지도 이러한 '계약'이 실제로 집행될 거라고 생각한 사람은 거의 없었어요.

그렇지만 사법 심사 제도로 집행 방식이 점차 발전했어요. 또 법치와 권력 분립의 정당성도 입증되었지요. 현대 법체계에서는 정부의 권위에 대항하여 자연권의 정당성을 입증하려는 사법 심사의 경우, 법원의 명령이나 손해 배상을 청구하는 소송의 형태를 취한답니다. 그 소송은 입법이나 행정 조치에 반대하며 개인이나 단체가 법원에 제기하지요. 대부분의 경우 이를 중재하는 법률 문서는 권리장전이에요.

근대 최초의 성문화된 권리장전은 1689년 영국에서 등장했어요. 이때에는 시민 개인의 권리에 대해 언급하기는 했지만 권리의 입증은 왕권과 경쟁을 벌이는 의회에서 다루었어요. 시민 개인을 위한 최초의 권리장전은 미국의 권리장전일 거예요. 미국 헌법이 각 주의 인준을 받던 시기에 첫 번째 10개의 수정 조항으로 추가되었답니다. 권리의 내용은 영국 보통법의 선례에서 이미 잘 확립된 것이었어요.

18세기 후반 이후 성문화된 권리장전이라는 개념은 세계적으로 퍼졌고, 대부분의 국가에는 적어도 문서화된 권리장전이 있어요. 법원에서 실질적으로 입증될 수 있는지는 저마다 여전히 다르지만요. 세계 인권 선언은 이러한 전통에서 나온 것이랍니다.

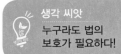

클라이브 스태퍼드 스미스

클라이브 스태퍼드 스미스는 오늘날 활동하는 가장 영향력 있는 시민권 변호사랍니다. 쿠바의 관타나모에 억류된 사람들을 대변했고 사형 반대 운동을 펼치고 있지요. 대부분 테러로 기소되어 관타나모에 수감된 사람들도 법의 보호가 필요하다고 그는 주장한답니다. 인도주의를 실천한 공로로 스태퍼드 스미스는 2000년에 영국 정부에서 주는 훈장을 받았어요.

영국 케임브리지 출신의 스태퍼드 스미스는 래들리 칼리지에서 교육을 받았어요. 그리고 케임브리지 대학 대신 모어헤드 장학금을 받아 노스캐롤라이나 대학으로 갔지요. 그곳에서 스미스는 언론을 공부하고 그 후에는 뉴욕의 컬럼비아 대학교 로스쿨에 다녔답니다.

스태퍼드 스미스는 변호사로서 미국 남부에서 일을 시작했는데 그곳은 역사적으로 시민권 변호사가 많이 필요한 곳이었지요. 그는 여러 해 동안 루이지애나 주 뉴올리언스에 본부가 있는 유명한 남부 재소자 변호 위원회에서 일했어요. 그 위원회는 나중에 남부 인권 센터가 되었답니다. 이 시기에 스태퍼드 스미스는 처음으로 대중의 주목을 끌게 되었는데 1987년에 방영된 '5월에 보낸 14일'이라는 영국 BBC 다큐멘터리를 통해서였어요. 이 감동적인 작품은 미시

시피에서 사형된 에드워드 존슨의 생애 마지막 순간에 관한 것이었어요. 그는 스태퍼드 스미스의 의뢰인이었지요.

2004년 영국으로 돌아온 스태퍼드 스미스는 사형 집행 연기를 위한 인권 단체의 영국 지부에서 법률 책임자로 일했어요. 아마도 가장 유명한 의뢰인은 사담 후세인일 거예요. 2004년 말에 스태퍼드 스미스는 연방법에 따라 미국에서 후세인이 재판을 받아야 한다고 주장했어요. 쿠바의 관타나모 수용소에 억류되어 있는 많은 사람들에 대해서도 그렇게 주장했지요. 관타나모에 대한 이야기는 『나쁜 사람들』이라는 제목으로 최근에 출판되었어요.

관타나모에 억류되어 있는 사람들을 대변하는 스태퍼드 스미스의 활동은 특히 널리 알려져 있어요. 그곳에 있는 그의 의뢰인들 대부분은 테러로 기소되어 있는데 스태퍼드 스미스는 그런 사람들도 법의 보호가 필요하다고 주장했어요. 그는 관타나모에 사람들을 억류하는 것은 미국 헌법 조항에 위배되는 것이라고 인식하고 있어요. 따라서 스태퍼드 스미스는 양심적인 미국인들에게 특이한 광경을 선사한 셈이에요. 한때 미국은 영국에 대항했는데, 영국 사람인 그가 미국 헌법에 나오는 권리를 대변하면서 미국 변호사들이 꺼리는 일을 더 많이 하고 있으니까요.

Clive Stafford Smith

출생 1959년, 영국 케임브리지
업적 시민권 변호사로 사형 제도를 반대함